# El lenguaje
## de las lágrimas

# El lenguaje
# de las lágrimas

Jeffrey A. Kottler

**PAIDÓS**

Barcelona
Buenos Aires
México

Título original: *The language of tears*
Publicado en inglés por Jossey-Bass Publishers, San Francisco

Traducción de Marco Aurelio Galmarini

Cubierta de Víctor Viano

*1ª edición, 1997*

© 1996 by Jossey-Bass Inc., Publishers, San Francisco
© de todas las ediciones en castellano,
  Ediciones Paidós Ibérica, S. A.,
  Mariano Cubí, 92 - 08021 Barcelona
  y Editorial Paidós, SAICF,
  Defensa, 599 - Buenos Aires

ISBN: 84-493-0450-4
Depósito legal: B-25.672/1997

Impreso en A&M Gráfic, S.L.
08130 Sta. Perpétua de Mogoda
(Barcelona)

Impreso en España - Printed in Spain

# Sumario

# Prefacio

M e he acostumbrado a ver llorar a la gente. No paso un día de trabajo sin encontrarme con el llanto en una u otra forma: lágrimas de desaliento y desesperanza, de vil renuncia, lágrimas de reminiscencia sentimental, de tristeza y de dolor, lágrimas de lamentación, de frustración, incluso lágrimas de risa y de alegría. He aprendido a reconocer estas diversas clases de lágrimas, a saber cuándo es preferible el silencio o una palabra de consuelo. Sé cuándo cambiar de tema o cuándo ofrecer un abrazo. Sé distinguir las lágrimas que dicen «¡Por favor, ayúdame!» de las que dicen «¡Déjame solo!» o incluso de las que dicen «¡Únete a mí en mi momento de exaltación!».

Soy psicoterapeuta, educador y supervisor de terapeutas e investigo y escribo acerca de la naturaleza curativa de las relaciones humanas. Me he pasado la vida estudiando las lágrimas. He permanecido sentado, impotente, mientras observaba parejas que se agredían con tal animadversión que provocaba lágrimas de ultraje o de angustia. He consolado a padres de hijos agonizantes. He tratado de ayudar a personas tan deprimidas que se les habían secado los ojos; ya no les quedaban lágrimas para ofrecer. He observado, con embeleso y orgullo, la lacrimosa reconciliación entre padres e hijos enemistados. He visto tantas lágrimas y he oído tantos sollozos que el llanto ha terminado por serme tan familiar como un entrecejo fruncido o un bostezo.

Sin embargo, con toda esta experiencia y toda esta práctica, todavía no me siento cómodo ante personas que lloran, sobre todo si pude haber tenido algo que ver con el desencadenamiento del llanto. Cuando llora mi mujer, me siento estoicamente, me coloco la «máscara de psiquiatra» y simulo empatía; por dentro, mi deseo es salir corriendo o chillar: «¡Deja ya de llorar y habla!». Cuando llora mi hijo quisiera morirme, aunque actúo como si nada me ocurriera, con una mezcla de preocupación y neutralidad que espero sea la mejor posible. Cuando un estudiante se me acerca con los ojos llenos de lágrimas para hablarme de una calificación más baja de la que esperaba, simplemente me cierro. Levanto un muro para que el calor no me funda del todo.

Cuando hasta los expertos en el tema luchan con sus propias lágrimas, además de responder a las de los demás, se puede tener la seguridad de hallarse ante algo de vital importancia en nuestra existencia, por poco que comprendamos al respecto.

## LO QUE SE PROPONE EL LIBRO

El tema de este libro es la pasión en la experiencia humana. Se trata de un estudio tanto del dolor insoportable como del embeleso exquisito. Hay lágrimas de pena, de tristeza, de desaliento, de desesperanza, de regocijo, de orgullo y de éxtasis. ¿Cuál es el significado de este lenguaje? ¿Qué sentido tienen las lágrimas? ¿Cómo evolucionan? ¿Cómo se interpretan las lágrimas en las diversas culturas y a través de la historia? ¿Cómo se explica que hombres y mujeres, niños y adultos, sean únicos en su manera de llorar? ¿Por qué ciertas personas lloran con tanta facilidad y otras no? ¿Cuándo es terapéutico el llanto y cuándo es autodestructivo? ¿Cuál es la mejor manera de responder a una persona que está llorando? Y tal vez lo más importante: ¿qué nos dicen las lágrimas acerca de la esencia de nuestra naturaleza humana?

Éstas son sólo algunas de las preguntas que aborda este estudio del llanto. Basado en la investigación realizada durante los últimos doce años, este libro reúne la literatura sobre el tema, que se encuentra dispersa en múltiples disciplinas, desde la oftalmología y la neurología a la antropología y la psicología social, desde la ficción literaria y cinematográfica al trabajo social y el asesoramiento psicológico.

*Este libro ampliará tu comprensión.* Las lágrimas representan una metáfora del sentimiento humano. No hay una sola persona viva que no se haya interrogado acerca del significado de las lágrimas, de lo que dicen sobre quiénes somos. Se han compuesto millares de canciones acerca de las lágrimas; casi toda película que valga la pena recordar estimula el flujo de lágrimas. Sin embargo, a pesar de la fascinación ante el tema, muy pocas personas comprenden sus propias lágrimas, y mucho menos las de sus prójimos más cercanos.

*Este libro te motivará emocionalmente.* Aunque *El lenguaje de las lágrimas* está lleno de información, investigación y conceptos interesantes, incluye anécdotas emocionantes y a veces incluso estremecedoras por la vivacidad de sus descripciones. Además, te hablaré directamente a ti, lector, y te desafiaré a que observes en profundidad tu propio llanto como modo de comprender el fenómeno en mayor escala. El objetivo de este libro es como mínimo hacerte llorar.

*Este libro te cambiará la vida.* No basta con comprender este fenómeno complejo, ni basta con comprender el impacto de los mensajes que contiene. La estructura del libro, así como su estilo, está pensada para ayudarte a actuar en la vida, a afrontar el «constipado emocional» o su contraparte de impotencia, para iniciar cambios en la manera de relacionarte con los demás y contigo mismo.

En las páginas que siguen participarás de la vida de muchos individuos que describen sus experiencias de llanto. Aprenderás muchas de las cosas que hay que saber acerca de este misterio de la conducta humana. E incluso tendrás oportunidad de mirarte hacia dentro para examinar el significado particular que tuvieron para ti las lágrimas durante tu vida. Finalmente, llegarás a familiarizarte con el lenguaje de tus propias lágrimas, comprenderás mejor lo que durante mucho tiempo otros han intentado comunicarte.

## Agradecimientos

Deseo expresar mi agradecimiento a dos profesionales cuya sabiduría y orientación fueron invalorables para la culminación de este libro: Bill Frey, del St. Paul-Ramsey Tear Research Center, quien me ofreció muchas sugerencias que me ayudaron a refinar las ideas relativas al tema del llanto, y a Alan Rinzler, editor cuyo aliento e impulso me llevaron al límite mismo de mi capacidad.

Jeffrey A. Kottler
Las·Vegas, Nevada
Junio de 1996

# El lenguaje
# de las lágrimas

# 1

## Un estudioso de las lágrimas

Estás rodeado de lágrimas. La gente llora alrededor de ti y lo ha hecho a lo largo de casi toda tu vida, así como se sabe que tú mismo has llorado en alguna ocasión. Aunque este fenómeno de derramar agua por los ojos en momentos de conmoción emocional es uno de los misterios más notables de este planeta, la mayor parte de la gente no comprende muy claramente qué sentido tiene esta conducta, ni por qué es tan grande el impacto que produce en nosotros y en los demás.

¡Qué reacción tan peculiar provoca esta extraña forma de comunicación! El llanto es un sistema de lenguaje que -aunque poderosamente evocativo- es con excesiva frecuencia mal comprendido. Es verdaderamente curioso que la mayoría de las personas se sientan tan incómodas, desconcertadas, junto a alguien que llora o incluso si son ellas quienes lloran.

Si adoptamos el papel del estudioso, este tema abre ante nosotros todo un mundo. Completamente de golpe, comenzamos a entender por qué la gente reacciona como reacciona ante la exhibición de lágrimas, y por qué hemos respondido también de manera particular al desborde de sentimientos que brota de nuestros propios ojos.

Como estudioso de las lágrimas, aprenderás a reconocer claramente diferentes mensajes que se comunican a través de este comportamiento: expresiones de tristeza, dolor y desesperación;

exhibición de alegría y exaltación; descarga de tensión, frustración, aprensión; expresión de cólera y de rabia. Entre todas la diversas expresiones que forman parte de este lenguaje, notarás sombras de engaño y de autenticidad que enmascaran los sentimientos subyacentes.

La prueba última para cualquier estudioso es la de ser capaz de aplicar de nuevo el conocimiento descubierto allí donde más falta hace: en las interacciones cotidianas con los seres queridos. No basta con ser capaz de observar qué hace la gente y de entender por qué actúa como actúa; lo más importante es la medida en que seamos capaces de responder de modo más auténtico y constructivo a la presencia de lágrimas, ya en nosotros mismos, ya en los demás.

## PARA ESTUDIAR LAS LÁGRIMAS

Algunos estudiantes se sientan en clase y sueñan despiertos. No les interesa el tema, sino que están allí únicamente porque otro, no ellos, pensó que debían hacerlo. Esos estudiantes fingen estar por la labor. Leen la materia como si estudiaran algo exterior a ellos mismos y no como un tema que forma parte de las fibras más íntimas de su ser. Pueden o no ser versados en la materia una vez terminada la clase, pero es indudable que esa materia nunca llegó a afectarlos personalmente. Así has leído tú centenares de libros.

Otro nivel de profundidad para un estudioso es zambullirse en un tema no sólo con la cabeza, sino también con el corazón. Después de decidir que vale la pena centrar la atención en un tema, un libro se convierte en parte de la vida del estudioso. El estudioso piensa continuamente en las implicaciones de las ideas en la vida cotidiana.

Si tu intención es ir más allá de la mera lectura de este libro, es decir, si aspiras a convertir las ideas que en él se exponen en estímulos para cambios constructivos en tus modos de pensar acerca de ti mismo y de los demás, podrían serte útiles algunas sugerencias.

- *Da un paso atrás.* Mira el gran cuadro de lo que sucede a tu alrededor. Adopta los papeles de psicólogo, sociólogo, antropólogo y estudioso de la naturaleza humana. De vez en cuando, toma distancia respecto de lo que sucede en el mundo que te rodea o en el interior de tu cuerpo y aplica los nuevos principios para descifrar lo que esta conducta significa.

- *Mira dentro de ti.* Si la objetividad te ayuda a tomar distancia respecto de tus reacciones emocionales y ver así más claramente las cosas, la experiencia subjetiva es igualmente útil para ayudarte a acceder a tus pensamientos y sentimientos más íntimos. Éste es un libro muy personal, que trata de los temas más íntimos. Deja que salgan a la superficie los sentimientos que tienes dentro. Presta mucha atención a tus reacciones interiores.

- *Sé reflexivo.* Pregúntate continuamente por el significado de la conducta. ¿Qué es lo que dicen ahora mismo mis lágrimas? ¿Por qué no estoy llorando si me siento tan triste? ¿Qué hay en torno a este particular episodio de llanto que ha quedado tan fijado en la memoria, mientras que otros se han esfumado? ¿Qué diferencias culturales he observado en la manera de llorar de la gente? ¿Qué es lo que comunica esta persona por medio de su llanto? ¿De qué manera estas lágrimas son expresiones auténticas de sentimientos, y de qué manera son manipulables? Una y otra vez se te pedirá que reflexiones sobre qué significa el llanto en diversas circunstancias.

- *Déjate ir.* A medida que te vuelvas un estudioso más avezado de las lágrimas, quizás observes que la cantidad y la calidad de tu llanto puede cambiar. Hay gente que informa de que algo se quiebra en su interior, que las lágrimas, contenidas durante muchos años, comienzan a fluir. Otros descubren que el estudio intensivo de un aspecto de su conducta les da conciencia de sí mismos y, en consecuencia, les hace menos espontáneos en los modos de expresarse. Observa los cambios en los modelos de tu propio llanto. Confía y déjate ir.

- *Establece conexiones.* Aunque el centro de nuestro estudio es el tema del llanto, éste guarda relación con muchos otros aspectos de la vida. Integra lo que aprendas en este contexto en cosas que hayas leído o visto con anterioridad. Desafía las ideas que no parezcan adecuarse a tu experiencia preguntando qué significan. Convierte en parte de ti mismo el material de este libro conectándolo con cualquier otra cosa que sepas y entiendas. Los estudiosos verdaderamente activos son los que no se contentan con aceptar ideas de manera acrítica, sino que inventan sus propias teorías.

- *Desafíate.* No tiene sentido que te engañes a ti mismo (este tema tiene algunas facetas muy penosas). En realidad, a menudo la causa del llanto se cuenta entre los sentimientos más intensos que jamás se han experimentado. Observa atentamente esos momentos de llanto en tu vida. Esfuérzate en explorar más profundamente qué te decían las lágrimas, de qué te ocultabas, a qué tenías que enfrentarte en la vida.

- *Habla con la gente.* Más allá y por encima de la chispa que se enciende dentro de ti, uno de los mejores aspectos de un buen libro reside en lo que estimula en tus conversaciones con otras personas. Comenta con alguien a quien ames cómo contienes tus lágrimas, o cómo te sientes cuando la otra persona llora. Prueba algunas de las ideas que leas aquí poniéndolas a prueba en otros. Y lo mejor es preguntarle cuándo fue la última vez que lloró, pues pocas preguntas resultan más reveladoras de una persona.

Te sorprenderán las reacciones que consigues. Como estudioso de las lágrimas, descubrirás que la mayoría de la gente se muestra evasiva al sentir, correctamente por cierto, que ésa es una de las preguntas más personales que se le pueden hacer a alguien, una de las armas secretas que los psicoterapeutas utilizan para que los pacientes desvelen los secretos de su alma. En función de la confianza que sienta, el sujeto de tu investigación puede dar una respuesta superficial, como, por ejemplo, citar la reacción emocional desencadenada por una película triste. Con esa respuesta, la mayor parte de la gente no es del todo honesta. Se trata en realidad de una experiencia de llanto artificial, cuidadosamente organizada por el director, aun cuando la descripción del tema fuera auténtica y honesta. Revelarte esto implica muy poco riesgo; también otros lloraron en el cine.

Si puedes lograr que la gente te hable de la última vez que lloró espontáneamente, la última vez que su cuerpo abrió el grifo antes de saber qué ocurría, es probable que oigas un relato conmovedor por su intimidad y su vulnerabilidad. Un hombre, por ejemplo, contó la siguiente anécdota, que lo cogió completamente por sorpresa:

> Estábamos almorzando tranquilamente, mi mujer y yo, en un café junto al mar. Estábamos relajados, de vacaciones, gozando de la perspectiva de un día sin planes. Honestamente, no sé o no entiendo del todo qué fue lo que desencadenó este episodio. Yo trataba de decidir si cortaba una rebanada de melón antes de comerlo o si metía el trozo entero en mi boca, y al instante siguiente comencé a llorar.
>
> No sé quién estaba más asombrado, si mi mujer, que se preguntaba si yo había terminado por perder el juicio, y en un día tan maravilloso,

por un trozo de melón, o yo mismo. Las lágrimas corrían por mi rostro, pero yo no sabía por qué lloraba. Tal vez eso fuera lo más terrible.

Cuando tomé conciencia de la secuencia de imágenes que habían precedido a la explosión, que para entonces se había convertido en algo completamente emocional, me abandoné a una firme corriente de lágrimas. Al menos ahora, para alivio de mi mujer, ya no hacía demasiado ruido. Melón. Fugaz aparición de mi madre. Que amaba el melón. Amaba. Pretérito. Porque murió. Hace veinte años. Pobre mamá. Pobre de mí. Nunca lloré realmente a mi madre, nunca sufrí plenamente por mí mismo, nunca me permití experimentar toda la dimensión de mi dolor y de la pérdida. Pero, ¿por qué ahora? ¿Por qué aquí? Es uno de esos momentos en que mi cuerpo dijo: «¡Basta ya! Estoy harto de cargar siempre con esto. Si tú no quieres vértelas con ello, vale. ¡Lo haré yo!».

Hablar con personas como este hombre acerca de episodios de llanto facilita una mayor intimidad entre nosotros. En cierto sentido, compartimos las experiencias que más nos han conmovido. Revelamos los aspectos más vulnerables de lo que somos. De esta suerte, muy bien puede ser que el hablar sobre el lenguaje de las lágrimas profundice la intimidad en tus relaciones. Como estudioso de este tema aumentas tu conocimiento acerca de un aspecto misterioso de la Naturaleza y a la vez te conectas más íntimamente con las personas que más importan. Pero, sobre todo, aprendes a leer y a hablar con fluidez el lenguaje de las lágrimas, de tal manera que reconoces matices en los que antes nunca habías reparado.

## No todas las lágrimas son lo mismo

Si somos estudiosos de las lágrimas y nos dedicamos a estudiar este lenguaje complejo y misterioso que trasciende las palabras, hemos de seguir un proceso cuyo primer momento es la comprensión de los diversos significados que puede tener el llanto. En consecuencia, estudiaremos el vocabulario de las lágrimas, los diferentes tipos posibles de llanto. También observaremos cómo esta extraña reacción de excretar líquido por los ojos evoluciona con el tiempo.

Hay una sintaxis y una gramática del lenguaje de las lágrimas, un conjunto de reglas culturales, de género, familiares, genéticas e internacionales acerca de cuándo y dónde se permite esta conducta. Por último, aplicaremos estos conceptos a las situaciones que encontramos más desconcertantes, en esos momentos en que o bien lloramos con escaso autocontrol, o bien estamos en compañía de otros que sufren.

Hay una cantidad de ideas que quisiera introducir en este libro, conceptos que se desarrollaron a partir de un estudio sistemático de la investigación en diversos campos, así como de mis experiencias como estudioso de las lágrimas a lo largo de una vida de psicoterapeuta, supervisor y formador de terapeutas, y como curioso observador de mi propia conducta y de la ajena.

*Emoción desbordante*

Imagina un depósito interno que almacena de manera segura todos los sentimientos. El nivel de excitación emocional sube y baja constantemente a medida que pasamos por distintas experiencias y cambios hormonales, así como por diferentes interpretaciones perceptuales. Durante períodos de trastorno, crisis, desorientación o conmoción, este sistema se agita y vierte por los ojos el exceso de agua.

La capacidad de almacenamiento de cada individuo varía extraordinariamente. Hay personas que lloran muy fácilmente en respuesta a las sorpresas más suaves; otras, en cambio, tienen un reservorio interno tan cavernoso que no pueden recordar un solo instante en toda su vida en que haya estado a punto de desbordar. Estas enormes diferencias individuales en la propensión al llanto forman parte de la gran fascinación que este tema presenta para el estudioso. Te enterarás de cómo las diferencias en los niveles hormonales, la química cerebral, el condicionamiento cultural y de género, la madurez y el desarrollo, los modelos parentales y las experiencias de la vida contribuyen a la probabilidad de que cualquier tipo de excitación emocional conduzca a una respuesta lacrimosa.

Por ejemplo, se acaba de informar a dos personas del fracaso de la propuesta de negocio con la que habían contado. Tanto Monica como Myla se sienten abatidas, desoladas. Esta oportunidad no sólo había representado para ellas una fuente estable de ingresos y un progreso importante en su carrera, sino que la sociedad habría solidificado una amistad que ambas consideraban cada vez más estimulante y reconfortante.

Si hubiera una manera de medir la excitación fisiológica que se produce en sus respectivos sistemas endocrinos, la región hipotalámica y cortical del cerebro, sus respectivos sistemas del gran simpático, encontrarías niveles de estimulación prácticamente idénticos. Es evidente que Monica y Myla están alteradas, tanto que el ritmo cardíaco, la presión sanguínea y la respiración están por encima de los niveles normales. Además, la actividad cognitiva cerebral interna sigue cursos similares, revisando en qué se han equivocado, regañándose a sí mismas por el fracaso, experimentando sentimientos de pánico ante la perspectiva de un futuro sombrío.

Ambas se sienten sencillamente tristes, más tristes que nadie. Esto quizá no sea sorprendente, pero sí te quedarías desconcertado ante la manera tan diferente en que cada una de ellas manifiesta el desborde de emoción que se produce en su interior.

Monica solloza ostentosamente, las lágrimas caen con abandono por sus mejillas. Está decepcionada, rabiosa, lastimada y desalentada; puedes ver estos intensos sentimientos reflejados en la humedad que ya comienza a depositarse en el cuello de su blusa. Myla le rodea los hombros con un brazo. Sin embargo, el rostro de Myla tiene un aspecto muy sombrío y rígido. No hay en sus ojos la más mínima humedad ni en su rostro la menor señal de desesperación. Al verla no podrías saber de inmediato qué siente, pero sí podrías decir que algo intenso ocurre en su interior.

Myla proviene de un marco familiar y cultural de tal índole que en su infancia nunca vio llorar mucho a nadie. Cuando derramaba una o dos lágrimas tras haberse raspado una rodilla o llevar a casa una mala nota de la escuela, sus hermanos y su padre se burlaban despiadadamente de ella. En la experiencia de Myla, el llanto se interpretó siempre como signo de debilidad, de renuncia. Desde muy jovencita aprendió a hacer muy elástico su depósito emocional interior. Si lloraba quería decir que había casi aceptado la derrota, circunstancia que, gracias a una gran fuerza de voluntad, sencillamente no se permitía.

Las lágrimas indican un desborde de emoción, pero, como puede verse en los casos de Monica y Myla, la intensidad y la frecuencia de su irrupción depende de una cantidad de variables únicas en cada individuo.

*El llanto y la salud*

Hay insoslayables evidencias, provenientes tanto de la bioquímica, la neurología y la oftalmología como de las ciencias sociales, de que el llanto, *dentro de ciertos límites,* es una función humana importante. El llanto no sólo sirve a una cantidad de fines fisiológicos básicos como la lubricación ocular y la excreción de toxinas químicas, sino que también es importante para el establecimiento de relaciones interpersonales. Sin embargo, así como ahogar todo impulso a la expresión lacrimosa puede ser destructivo para la paz mental y las relaciones íntimas, el llorar en exceso puede ser perjudicial para la salud.

Un tema capital que exploraremos en las próximas páginas es la diferencia entre el llanto fluido, que expresa lo que se siente interiormente, y el excesivo, que llega al extremo de cerrar otras formas de comunicación. En el caso de las dos mujeres de negocios que acabo de describir, Monica se siente sumamente satisfecha de la manera en que se expresa emocionalmente. Llora con facilidad en presencia de personas en las que confía, sobre todo sus hermanos y amigos íntimos, como Myla. En otras circunstancias, como en reuniones de negocio o encuentros sociales con conocidos, encuentra que con un cierto esfuerzo es capaz de mantener bajo control todas sus respuestas emocionales, incluso las lágrimas. Contrapone su propia experiencia a la de su hermana mayor, campeona mundial del llanto autoconsentido. Monica recuerda haber visto muchas veces a su hermana perdida en lágrimas, hasta el punto de quedar completamente replegada sobre sí misma y ahuyentar de sí a todo el mundo.

Así como la hermana de Monica representa un extremo del no saludable continuo en que las lágrimas se convierten en signo de pérdida total de control, Myla ha restringido la manifestación de sus sentimientos hasta tal punto que raramente se siente afectada por lo que ocurre en su interior. En el revés ya descrito, niega la extensión de su decepción y de su tristeza. Después de un momento, Monica comenzará a sentirse incómoda por llorar de corazón mientras su amiga parece controlarse tan bien. Finalmente, esta diferencia instalará una grieta en su relación, puesto que cada una se siente incómoda en presencia de la respuesta de la otra, tan extraña a su experiencia.

Además de restringir su flujo de lágrimas, Myla exhibe otros síntomas de estreñimiento emocional que le minan la salud. No puede dormir bien por la noche, aun cuando procura religiosamente eliminar todo exceso de energía. Tiene proclividad a problemas crónicos de digestión que pueden o no estar relacionados con el estrés. Sin embargo, lo más significativo es que los niveles de intimidad en sus relaciones con amigos como Monica se habían visto comprometidos por su inhabilidad (o falta de voluntad) para sacar a la luz sus sentimientos. Esta estrategia puede haberle servido para adaptarse a su familia mientras crecía, pero una y otra vez se encuentra con que los demás tropiezan con dificultades para intimar con ella.

*Llanto y verdad*

Cuando nos faltan palabras, las lágrimas caen espontáneamente como para decir: «Sé que está demasiado confuso como para decirlo, pero en realidad necesita ayuda ahora mismo». Las lágrimas son, pues, una autenticación del significado. Comunican poderosa, vigorosa y honestamente lo que sientes en tu interior. Aun cuando pidan ayuda, las lágrimas hablan a los demás de la esencia de tu experiencia en ese momento. A veces son tan intensas que queman, otras son casi lánguidas en su aparición fortuita, pero siempre llevan consigo un sentido de presencia imposible de ignorar.

A pesar de nuestra incomodidad en presencia de personas que lloran, nos sentimos afectados por el drama del acontecimiento. A menudo las lágrimas están destinadas a la mirada del otro para decir algo urgente que las palabras no pueden expresar. Prestan autenticidad a la comunicación que las palabras no pueden tocar. Puedes dudar de lo que la gente te dice, o incluso de lo que muestran con sus acciones, pero cuando las lágrimas hacen su aparición, no te queda otro remedio que prestar atención. Son el punto al final de una oración, que da crédito y poder a lo que se ha dicho.

Durante una conversación, por ejemplo, una mujer había confiado a un grupo de amigos que últimamente había pasado un época difícil. Como si recapitulara inconvenientes menores, recitaba con calma, una detrás de otra, las tragedias que le había tocado vivir en los meses anteriores. Su hijo se había fugado tras quedar embarazada su novia y unas semanas después de la boda cayó en coma durante un procedimiento médico sin importancia. Sólo unas semanas después, murió el padre. Luego...

Antes de que pudiera continuar, un hombre que había estado escuchando comenzó a temblar visiblemente. Le habló a la mujer en voz tan baja que apenas se entendían sus palabras, las que, en todo caso, eran superfluas. Lo que llamaba la atención era el enorme esfuerzo que realizaba para contenerse. Era evidente que el relato de la mujer lo había conmovido. Aunque todavía no habían aparecido las lágrimas, tenía los ojos húmedos y el rostro contraído en flagrante señal de que no estaban demasiado lejos.

La mujer respondió instantáneamaente a esa oferta de empatía. Le tocó el brazo en real ofrecimiento de consuelo, pese a que quien había experimentado el sufrimiento era ella. La exhibición emocional del hombre actuó como catalizador para que la mujer expresara de manera más genuina lo que había sentido todo el tiempo. Las lágrimas le rodaron por ambas mejillas. Entre las dos personas se produjo una conversación silenciosa que desvelaba mutuamente lo que había en el corazón de cada uno. Ninguna de las dos tuvo la menor duda de que lo que estaba ocurriendo entre ellos, en el lapso de unos pocos minutos, era profundamente conmovedor, pues los conectaba de maneras que de otra forma habrían sido imposibles.

En este estudio de los significados suyacentes de diversas expresiones emocionales, el psicólogo Nico Frijda ha observado que, más que *expresar* la tristeza o el desamparo, el llanto *es* estos sentimientos en forma conductal. Mucho más eficaz que el simple pedido de compasión, las lágrimas solicitan una respuesta fuera del alcance de las palabras. Elaboran el significado de una manera imposible de describir en la conversación verbal.

## Llanto y engaño

La exhibición espontánea de emoción fuera de control, como en el caso de este hombre y esta mujer, son tan sólo una parte del lenguaje de las lágrimas. Éstas son reacciones inconscientes, involuntarias, controladas por mecanismos neuronales internos. El depósito emocional llega al extremo de estallar, a menos que haya algún tipo de alivio.

Las reacciones lacrimosas, de la misma manera en que pueden ser inhibidas, pueden también iniciarse intencionalmente. Unos oportunos accesos de llanto representan el colmo del engaño, pues juegan con tu empatía para obtener alguna ventaja. Esto opera con la misma efectividad si lo provoca un actor profesional de cine que trata de hacerte participar de una historia, o un aficionado en tu vida que trata de controlarte con un llanto efectivo. Una lágrima en el momento oportuno puede figurar entre los medios más poderosos para obtener simpatía o atención, para hacer retroceder a la gente o para sacarla de quicio.

Entre los animales, el engaño es una dimensión decisiva de la comunicación. La selección natural ha favorecido tanto a quienes tienen habilidad para disfrazar sus intenciones como a quienes la tienen para descubrir el engaño. Si bien se puede utilizar las lágrimas para comunicar representaciones más adecuadas de estados interiores, también se las puede emplear para disfrazar los sentimientos y despistar a los demás. Después de todo, la impresión lo es todo.

De esta suerte, lo interesante no es por qué la gente usa alguna vez las lágrimas para desorientar a los demás, sino más bien por qué alguien querría que los demás supieran acerca de sus sentimientos de vulnerabilidad. La respuesta es que si los otros te perciben como no amenazante (y las lágrimas son un símbolo de rendición), muy bien pueden dejarte solo.

Llorar a pedido no requiere formación profesional. En este mismo momento puedes ponerte a llorar rememorando una imagen de una época profundamente triste o trágica de tu vida. Sólo con un pequeño esfuerzo y motivación suficiente puedes también detener el flujo de lágrimas. En otras palabras, cuando una persona llora, no es siempre evidente si la comunicación es genuina o artificial, si estamos en presencia de una emoción experimentada en profundidad o simplemente ante una exhibición intencional, incluso una argucia de manipulación para obtener simpatía.

Como estudioso de las lágrimas has de ser consciente de que es posible exhibir falsas imágenes con fines de engaño. Hay muchas razones por las cuales se podría desear que los demás no supieran lo que uno siente realmente: falta de confianza en una relación en particular, miedo al rechazo de la otra persona o tal vez vergüenza por el contenido del pensamiento. Análogamente, uno puede desear simular que siente lo que no siente.

Sigmund Freud quizá fue excesivamente optimista en su creencia de que las emociones engañosas pueden reconocerse fácilmente. En efecto, afirmó confidencialmente que, para el observador formado, «ningún mortal es capaz de mantener un secreto. Si sus labios permanecen en silencio, habla con las yemas de los dedos; la traición le mana por todos los poros».

En contraposición a Freud, el psicólogo social Ross Buck informa de una cantidad de estudios realizados para identificar las maneras en que la gente intenta disfrazar o controlar sus respuestas emocionales, a menudo con pleno éxito. Los agentes del FBI, los detectives de homicidios y los interrogadores profesionales que desvelan el engaño para ganarse la vida, admiten de mala gana que muchísimas veces, a menos que el sospechoso confiese un crimen, no tienen ni idea de la verdad.

Por ejemplo, piénsese en el caso reciente de Waneta Hoyt, quien afirmó que sus cinco niños habían muerto todos del síndrome infantil de muerte súbita en un período de varios años. Fue capaz de persuadir a la policía de su completa inocencia mediante la exhibición de angustia y dolor con lágrimas convincentes. Irónicamente, había asesinado a cada uno de los niños porque no podía soportar su llanto, pero empleaba sus propias lágrimas para desviar sospechas.

Podría parecer, pues, que las lágrimas son uno de los mejores indicadores de los estados interiores, y así es a menos que el sujeto tenga una insólita habilidad para utilizarlas como instrumento de engaño. A menudo, este engaño o manipulación puede darse incluso en niveles inconscientes; el sujeto puede no ser consciente de lo que hace o de por qué lo hace. En realidad, la mayor parte del tiempo todos nos damos a nosotros y damos a los demás explicaciones simplistas de nuestro llanto: «Me siento triste», «Me siento feliz» o «Me siento frustrado», como si la vida fuese un test de *multiple-choice* con una sola respuesta correcta.

En algunos casos el derramamiento de lágrimas tiene tantos componentes auténticos como artificiales: algunos de los sentimientos emanan de dentro, mientras que otra parte resuena en respuesta a la conducta de los demás. En ambos casos, el llanto trasciende el lenguaje, elude la parte del cerebro que descodifica las palabras y se hunde en nuestro corazón.

*Las lágrimas definen la experiencia humana*

Casi todo encuentro que hayamos tenido alguna vez con lágrimas, sean las nuestras o las de la otra persona, queda grabado para siempre en la memoria. No podemos pensar en estos episodios lacrimosos, quiero decir, volver a vivirlos mentalmente, sin experimentar *flashbacks* sensoriales. Recuerda, por ejemplo, algún momento reciente en que hayas derramado lágrimas, no unas cuantas, sino un auténtico torrente. Es como si toda esa experiencia quedara simbólicamente preservada para siempre en el llanto que entonces se produjo. Si estuvieras dispuesto a hacerlo, podrías recordar los detalles más vívidos de lo que ocurrió en esa oportunidad.

La cacería de imágenes de lágrimas del pasado es parte del fundamento de lo que somos en tanto seres emocionales. Cuándo hemos llorado y con quién hemos compartido esos encuentros lacrimosos se encuentran entre los recuerdos más poderosos que tenemos de la intimidad con nosotros mismos y con los demás. Se trata de períodos en los que fuimos más vulnerables, pero también más vivos en la intensidad con que experimentamos nuestros sentimientos. Fueron momentos en que verdaderamente nos dejamos ir.

El llanto es más una experiencia que nos sobreviene que algo que hacemos. Parece tener fuerza propia, voluntad de expresarse. Ciertamente, ya hemos dicho a este respecto que hay momentos en que nos sentimos como si lloráramos, en que incluso podríamos provocar el llanto con un pensamiento que lo desencadenase. Si se duda de esto, invito al lector a traer a su mente una imagen vívida de algún momento en que haya perdido a alguien o algo muy querido. Muerte. Divorcio. Desilusión. Cualquier decepción importante de tu vida produjo un momento de lágrimas, las hayas dejado o no fluir.

Para muchas personas, sobre todo las de mentalidad machista, llorar era un acto natural, pero nuestros padres lo extirparon de nosotros con burlas cuando éramos muy jóvenes aún. Cuando no podemos evitarlo, en esos raros momentos en que las lágrimas afloran por sí mismas, gastamos la mayor parte de nuestra energía en tratar de detener o al menos moderar su flujo. Una voz en la cabeza interna nos dice: «Pareces un idiota, una nena tonta, llorando de esa manera. ¡Compórtate!» Así, de la manera más disimulada posible, te pasas una manga por los ojos y tratas de pensar en otra cosa.

Sin embargo, te sientes desgarrado. En cierto sentido, las experiencias de llanto son mágicas. Representan los momentos de máxima conmoción, en que más vivos estamos, en el sentido en que la cabeza y el corazón, el verdadero espíritu, están sincronizados en un único esfuerzo para comunicar lo que sucede interiormente. Puede que llores a regañadientes, pero que te sientas orgulloso de los momentos en que te has dejado ir, como si hubieras realizado algo significativo. Las lágrimas pueden simbolizar la parte más genuina de nosotros, merecen el honor de la primacía de nuestras emociones más sinceras. Éste es particularmente el caso en que los mensajes que enviamos a los demás son reconocidos y comprendidos.

## Lágrimas y vergüenza

Por difícil que sea permanecer junto a alguien que llora, muchas veces es igualmente incómodo aceptar nuestras propias lágrimas. Tal vez puedas recordar haberte visto arrastrado a lágrimas de frustración e indignación por alguien que te amenazaba de alguna manera. Quizás haya algún momento en que rompiste a llorar con lágrimas de rabia al sentirte incomprendido y abrumado cuando alguien te juzgaba despiadadamente. Por cierto que puedes recordarte llorando en nombre de otros que pasaban por un sufrimiento extremo y cuya angustia sentiste con tanta intensidad que resultó contagiosa. También puedes haberte conmovido hasta las lágrimas al observar a una persona amada, tus ojos literalmente rebosantes de alegría por esa persona por quien tanto te preocupas. Los más difíciles han sido los momentos en que has sentido vergüenza por perder el control de ti mismo, confuso ante tus propias lágrimas y la debilidad que a tu juicio representan.

En un momento todos supimos llorar con total fluidez. Cuando te caías de la bicicleta y te lastimabas, llorabas con toda naturalidad. Cuando tu padre o tu madre te regañaban porque habías hecho algo malo, estallabas en llanto. Sin embargo, ahora, como adultos, la mayoría de nosotros lloramos casi exclusivamente con ocasión de las experiencias vicarias en que nos sentimos heridos por lo que sucede a prójimos ficticios en una novela, una película o un espectáculo televisivo. Hemos aprendido a no llorar por nosotros mismos, salvo en las circunstancias más tremendas, e incluso entonces será un llanto amortiguado.

También están las embarazosas experiencias que tienen lugar cuando lloran otros. Nos sentimos inútiles, impotentes. Queremos hacerlo todo bien, hacer algo para parar el flujo de lágrimas o cerrar el grifo de inmediato. Los que somos psicoterapeutas nos esforzamos más incluso en la función de rescate. De niños tratamos de salvar a nuestras respectivas familias y, cuando eso fracasó, nos volvimos sanadores. Aun con formación profesional y enorme práctica, nos nos sentimos cómodos junto a personas que lloran. Para un psicoterapeuta, podrías imaginar, es parte de su oficio, algo así como si a un trapecista no le gustara la altura o un pescador evitara el agua.

En los capítulos que siguen verás que la vergüenza está programada por la formación cultural y de género, que el llorar es una conducta que muchas veces se percibe como socialmente inadecuada e indecorosa, un signo de inestabilidad emocional o de debilidad de carácter. Los mensajes que a menudo recibimos de quienes nos rodean en el sentido de ahogar nuestras lágrimas se oponen directamente a las necesidades emocionales que, tal como las sentimos, las lágrimas expresan. No es asombroso que con frecuencia experimentemos tanta ambivalencia respecto de nuestras lágrimas.

## El llanto se da en un contexto

Una de las dificultades inherentes al lenguaje de las lágrimas reside en que la misma conducta pueda significar cosas muy diferentes. A veces, ni siquiera está claro si una persona se está comunicando realmente con uno o si el mensaje tiene en realidad la intención de ser una suerte de recordatorio en que una parte del yo trata de llamar la atención de otra.

Mientras no se pueda determinar el contexto de desarrollo histórico, cultural e interactivo de la conducta de llanto, es imposible derivar de manera fiable el significado de esta comunicación. El llanto tiene diferentes significados según la edad, el género, el trasfondo cultural y familiar y, sobre todo, qué es lo que lo provoca.

Como estudioso de las lágrimas, aprenderás a prestar atención más cuidadosamente al sentido subyacente de esta conducta haciéndote a ti mismo una serie de preguntas: ¿Qué dirían estas lágrimas si pudieran hablar? ¿En qué medida el llanto es adaptativo y útil? ¿Es privada o pública la finalidad primordial de esta conducta? ¿Cómo se adapta esta conducta al contexto más amplio de lo que sé, percibo, observo y siento?

*Deseos y necesidades*

Durante un estallido de llanto puedes desear que desaparezca el dolor, pero también puedes tener en realidad necesidad de afrontar los problemas subyacentes que de esa manera se expresan. Puedes desear simpatía de los demás, pero también puedes requerir en realidad la confrontación con el fin de elaborar ciertas cosas de modo constructivo. Puedes desear alivio, pero también puedes necesitar comprensión.

En el capítulo dedicado a la respuesta al llanto de otros, aprenderás acerca de la traducción del lenguaje de las lágrimas en pasos específicos que puedes dar para establecer una diferencia. Antes de ofrecer simpatía o apoyo, compasión, consejo o incluso una sacudida fortísima, has de determinar qué sería probablemente lo más útil en ese momento. Esta tarea es muy difícil, ya que a menudo la gente no sabe qué pide, pues su lenguaje de lágrimas trasciende la propia conciencia de sus necesidades. Y cuando es capaz de expresar lo que quiere de ti, complacerla no siempre es lo que más le conviene.

Hay personas que, durante un ataque de llanto, responden mejor al apoyo y la escucha silenciosa, otras al interrogatorio acerca de lo que les aflige y otras a los retos vigorosos. Pero estas reglas ni siquiera son coherentes para la misma persona a lo largo del tiempo. Es posible que en un primer momento alguien espere simplemente aceptación y que más adelante eso ya no baste y entonces sea útil una intervención más activa.

Para todos y cada uno de los encuentros con presencia de lágrimas, tendrás que ayudar a traducir el lenguaje en mensajes claramente comprensibles, no sólo para ti, sino también para los demás.

## Lágrimas e intimidad

Mientras no puedas entender lo que otros comunican con sus lágrimas no experimentarás verdadera intimidad con ellos. La comprensión mutua entre amigos, socios o amantes sólo puede producirse cuando los participantes se sienten lo suficientemente libres como para expresarse tanto intelectual como emocionalmente. Lo que más quiere la gente durante las crisis de llanto no es ayuda para resolver un problema particular, sino, sobre todo, que se la escuche y se la comprenda. A través de las lágrimas establecemos contacto con los otros en el nivel más primario.

Un hombre describe la profundización de una relación como consecuencia directa de compartir las lágrimas:

Supongo que, como todos los tíos, no lloro mucho. En realidad, no lloro nada. Han pasado años desde la última vez que lloré realmente. No recuerdo exactamente cuándo fue.

Tenía este amigo al que conocía de toda mi vida de adulto. Fuimos juntos a la facultad. A veces salíamos a beber una cerveza y nos contábamos anécdotas acerca de las grandes cosas que cada uno hacía. Mentíamos un poco, claro.

Yo lo tenía por uno de mis amigos más cercanos y estoy seguro de que él diría lo mismo de mí. Lo extraño era que apenas nos conocíamos. No puedo decir que fuéramos íntimos en ningún sentido que valga la pena señalar.

Únicamente cuando él descubrió que se estaba muriendo de cáncer y que sólo le quedaban unas semanas de vida tuvimos nuestra primera conversación de corazón a corazón. Ambos lloramos juntos hasta que nos dolieron los ojos. Lo abracé, lo olí y le acaricié el pelo. Le dije que lo quería y cuánto lo echaría de menos. Pero, sobre todo, el llorar juntos fue lo que abrió una brecha en las limitaciones de nuestra relación. La inminencia de la muerte se encargó de llamarnos la atención sobre el punto al que en última instancia queríamos llegar.

Lo verdaderamente asombroso es que desde que mi amigo murió, uno de los regalos que me dejó fue el haberme ayudado a volver a llorar. Ahora puedo llorar con gran facilidad. A veces, incluso siento deseos de llorar con alguien en quien confío. Eso me ha acercado a mi padre, a algunos de mis amigos y particularmente a mi mujer, quien valora de verdad mi expresividad.

## Descifrar el sentido de nuestras propias lágrimas

Mientras no puedas descifrar el sentido de tus lágrimas, no conseguirás abordar los problemas más importantes de tu vida. Si el llanto se produce en momentos de la mayor vulnerabilidad y excitación emocional, esos episodios representan breves oportunidades de tratar con tus emociones más sinceras y tus más profundas preocupaciones.

Extrañamente, el llanto es una de las pocas manifestaciones emocionales que funciona de más de una manera para comunicarse con los otros. Después de todo, hay momentos en que te sientes inclinado a llorar para ti mismo, sin público. En esas circunstancias, tus lágrimas no son tanto una forma de comunicación como una filtración de estados interiores de sentimiento.

De acuerdo con el neurólogo Antonio Damasio, el cuerpo es un teatro para las emociones, un escenario donde los sentimientos actúan, no para otros, sino para ti. El llanto se convierte en una forma de expresión auténtica y espontánea de los sentimientos privados, algunos de los cuales pueden estar más allá de la conciencia.

Cuando escuchas el lenguaje de tus lágrimas te centras en la esencia de tu vida. Entonces prestas atención a la única parte de tu existencia que combina la dimensión física, la emocional, la cognitiva y la espiritual.

Cada uno de los puntos que hemos destacado en este capítulo será desarrollado en todo el libro, iluminando uno de los aspectos más íntimos y desconcertantes de nuestra conducta. Has llorado toda la vida y te has quedado mirando impotente cuando los demás lloraban, sin comprender cabalmente a qué aludían las lágrimas.

En el próximo capítulo continuaremos nuestro viaje de estudiosos de las lágrimas explorando el llanto como sistema de lenguaje embellecido que dilata las palabras pronunciadas. Es un dialecto particular que deriva de uno de los lenguajes familiares más amplios que reconocemos en tanto expresión emocional. Lo mismo que la sonrisa, la gesticulación, la postura corporal o incluso el grito, el llanto existe primariamente para comunicar lo que no se puede decir en lenguaje estrictamente verbal. Si una imagen vale por mil palabras, en un torrente de lágrimas puede haber un millón.

# 2

# Un lenguaje
# que trasciende las palabras

No deseo disminuir la magia de las lágrimas ni minimizar el poder que tienen sobre nosotros reduciendo su significado de la misma manera en que los profesores de lengua nos hacen conjugar verbos o diagraman la estructura de las oraciones. Sin embargo, vale la pena observar este tema emocional con un cierto grado de distanciamiento lógico, sobre todo si somos capaces de conectarlo con otras cosas acerca de las cuales tenemos cierto conocimiento.

En este capítulo examinaremos el tema del llanto en un contexto mayor, como medio de comunicación y al mismo tiempo en el marco de la familia más amplia de la expresión emocional. A través de las voces de diversas personas que describen sus experiencias, pasaremos también revista a un diccionario de las lágrimas, a un diccionario que contiene las principales variedades de lágrimas con que te encontrarás.

## LAS LÁGRIMAS EN LA FAMILIA DE LAS EMOCIONES

A los lingüistas, los editores y otros expertos en los usos del lenguaje les encanta identificar pautas en la comunicación, sobre todo las que proporcionan indicaciones subyacentes de qué es lo que una persona quiere decir. Con el tiempo han dado nombre a diversas partes de la lengua, como a adverbios y adjetivos, y han inventado etiquetas para describir violaciones a las reglas gramaticales.

Las lágrimas, como veremos, también tienen distintas pautas de comunicación. Los lingüistas culturales describen el llanto como un tipo de paralenguaje que, deliberada o inconscientemente, sirve de soporte a la expresión emocional verbal. Junto con otros modificadores de la voz, como el arrastrar la entonación, el omitir letras o sílabas, la risa o incluso los silencios, el habla humana es suplementariamente articulada por estas herramientas de la comunicación, así como por gestos, posturas y expresiones faciales. Desde este punto de vista, el llanto tiene la finalidad de realzar las palabras pronunciadas.

Sin embargo, incluso como paralenguaje, el llanto tiene una estructura definida con su propio proceso de pautas. Si tratamos el llanto como un sistema lingüístico, podemos describir un conjunto de normas para su uso, que se completa con partes de lengua. También podemos reconocer ejemplos en los que alguien se ha desviado de las normas convencionales establecidas por los patrones prevalecientes en su época, cultura, género y situación concreta.

Como en mi investigación lingüística en busca de pautas, incluso las que trascienden las palabras, debemos comprender primero el contexto más amplio a partir del cual evolucionó el lenguaje particular. Así como podemos estudiar latín, griego o sánscrito como base de comprensión de las pautas contemporáneas de la lengua, así podemos también sondear brevemente en las perspectivas más amplias de las reacciones emocionales en general como base de comprensión del llanto.

No sólo sigo esta línea de investigación porque el estudio de las emociones proporcione un fundamento para comprender el lenguaje de las lágrimas, sino también, para decirlo francamente, debido a lo poco que se ha escrito acerca del llanto. Mientras respondía a la pregunta que nos formularemos en la próxima sección, o sea, para qué sirven las emociones, consulté docenas de libros sobre el tema y me sorprendí de encontrar que, por lo general, ni siquiera se menciona el llanto. Es como si esta conducta, uno de los mayores misterios de la experiencia humana, no fuera en realidad un tema digno de un estudio serio, al menos para los que escriben libros sobre la emoción.

## LA CONEXIÓN ENTRE PENSAR Y SENTIR

Históricamente, nuestra sociedad ha considerado que lo más valioso es la razón, no la emoción. Los sentimientos apasionados suelen verse como peligrosos, irracionales e inestables. Sólo recientemente las teorías feministas han señalado que, en la medida en que los sistemas patriarcales ejercieron su dominación, los valores masculinos de logicidad se han impuesto a los ideales femeninos de sensibilidad emocional. Así, los teólogos, los filósofos, los políticos y los científicos se han mostrado siempre bastante suspicaces de lo que viene más del corazón que de la cabeza. Los sentimientos, dicen los autores, son lo que nos distrae, nos desorienta y nos aleja de la verdad objetiva. La intuición, la pasión y las emociones son muy divertidas, pero cuando se trata de realizar un verdadero trabajo, debemos apoyarnos en la razón.

Pero esta división en pensamiento y sentimiento ya no puede sostenerse. En el nivel más elemental, las reacciones viscerales como el llanto son inseparables tanto de la actividad cognitiva como de los mecanismos neurológicos que la impulsan. Según el neurólogo Antonio Damasio, la pasión y la razón están interconectadas de tal manera que tanto una como otra pueden actuar como guías internas que nos ayuden a comunicar a los demás lo que deseamos y lo que necesitamos. Los sentimientos, con sus correspondientes reacciones de llanto, no equivalen a emociones puras, que representan acontecimientos fisiológicos en el cerebro. Antes al contrario, los sentimientos son nuestras experiencias de los cambios internos del cuerpo en conjunción con imágenes mentales asociadas. Son lo más primario de las sensaciones, tanto para el cuerpo como para la mente y el espíritu. «Dado que el cerebro es el público cautivo del cuerpo —escribe Damasio—, los sentimientos son ganadores entre iguales». Influyen en nuestro pensamiento, en nuestra conducta y en todo nuestro ser.

Con excepción de la obra de los poetas, el estudio de las emociones tuvo primariamente origen en los científicos interesados en explicar este fenómeno mediante un método típicamente racional, objetivo. A partir de la obra germinal de Charles Darwin que estudiaba la expresión emocional de los animales y los hombres, se han propuesto centenares de teorías. Media docena de campos diferentes —sociología, antropología, lingüística, educación, bioquímica, psicología social—, cada uno de los cuales acentúa diferentes aspectos del fenómeno, han delimitado su territorio.

El filósofo William James describió las emociones como experiencias corporales. Sigmund Freud vio en las emociones la energía psíquica primaria que necesita descargarse. El novelista y filósofo Albert Camus analizó el tema como una extensión de sus creencias existenciales; para él, las emociones eran el resultado de nuestras elecciones. Otros pensadores más contemporáneos han enmarcado las emociones como estados de excitación fisiológica, deseos inconscientes, pautas interaccionales, imaginación, procesos cognitivos o estructuras lingüísticas.

De muchas de estas explicaciones se desprende con claridad que las emociones sirven a multitud de finalidades. No cabe duda de que son descargas de energía y estados de excitación fisiológica, pero también una forma de regulación de distancia en las relaciones; impulsan a las personas a acercarse a nosotros o, por el contrario, las mueven a alejarse. Son, en palabras de Ambrose Bierce, periodista del siglo XIX, el esfuerzo determinado del corazón para dejar la cabeza fuera de servicio.

Gran parte de lo que se ha dicho en general de las respuestas emocionales puede decirse en particular del lenguaje de las lágrimas. El llanto es como cualquier otra forma de excitación emocional visible en tanto que con él el cuerpo señala a los demás, o a nosotros mismos, que en su interior sucede algo importante y que no se puede ver desde fuera. Análogamente a lo que ocurre con otras reacciones emocionales, el llanto se dispara en el seno del sistema nervioso central. Con ocasión de la excitación sexual, se inflaman los genitales. Con ocasión de la vergüenza, se ruborizan las mejillas. Con ocasión de la cólera, el tono de la voz se eleva. Análogamente, las lágrimas y el llanto son acciones observables que acompañan a estados internos.

No obstante, el llanto se diferencia de cualquier otra forma de expresión emocional en que, en tanto lenguaje, puede traducirse de muchas maneras diferentes. Observa a una persona que llora y en muy poco tiempo sabrás si esa persona se siente triste o feliz, decepcionada, aliviada o colérica, o una cualquiera de otras doce posibilidades. A personas como el psicólogo Richard Lazarus, el bioquímico William Frey o el neurólogo Simon Le Vay, que se pasaron la vida estudiando reacciones emocionales como el llanto, las deja perplejas el que las lágrimas puedan tener causas desencadenantes tan variadas. Las lágrimas incluso pueden tener origen en distintas regiones cerebrales, desde el sistema límbico, que controla las emociones primarias, hasta la corteza, en ataques más reflexivos de llanto.

## El vocabulario de las lágrimas

Pasemos ahora del tema del llanto como lenguaje al vocabulario específico de las lágrimas. Este vocabulario del llanto recoge muchos sentimientos diferentes de una sola vez y, al igual que ocurre con ciertas palabras, la misma emisión puede tener toda una variedad de significados posibles. Y por eso las palabras surgen ante todo como llanto, porque el habla es inadecuada para describir lo que sentimos.

Cuando pases revista a algunos tipos de llanto, la mayoría de ellos encontrará un lugar en tu experiencia, mientras que otros te parecerán muy extraños. Éste es precisamente uno de los aspectos más fascinantes de este fenómeno: que en un acto único quepan tantos significados. Si tuviéramos que catalogar la variedad de situaciones en que se sabe que la gente llora, encontraríamos todo un abanico de ejemplos, cada uno de los cuales es portador de un significado distinto. Cada una de estas experiencias será ilustrada con voces, que quizá resulten muy familiares al lector.

### Respuestas fisiológicas

En el nivel más primario, las lágrimas son resultado de respuestas físicas al estrés corporal. Las causas desencadenantes más evidentes de estas reacciones fisiológicas son sustancias irritantes (partículas de polvo, alergias, pestañas fuera de lugar) o emanaciones en el aire (cebollas, amoníaco). Las heridas graves también pueden provocar fácilmente lágrimas, ya como expresión de dolor insoportable, ya como llanto de simpatía y de consuelo. Es sabido que los niños, cuando se caen y se raspan las rodillas, antes de soltar un chillido desgarrador miran a su alrededor para ver si hay alguien observando. En otros momentos, el dolor es tan traumático que las lágrimas surgen por sí mismas como afirmación no menos dramática que la sangre que mana de la herida.

También es sabido que la genta llora cuando se producen cambios internos en su cuerpo, no en el entorno. El ejemplo más evidente de esto se produce a veces en relación con el ciclo menstrual de la mujer, pero otros ejemplos comunes en que es probable que surjan las lágrimas son los cambios hormonales, las migrañas u otras dolencias físicas. También la fatiga es un desencadenante, sobre todo en combinación con reacciones emocionales.

Al término de una maratón, un hombre describió estas reacciones:

> Cuando crucé la línea de llegada, comenzaron a brotarme las lágrimas. Sí, estaba exhausto, agotado, fuera de mí, pero también me sentía muy entusiasmado y orgulloso. Era para mí un reto tanto emocional como físico. Lloré porque había logrado algo que había pensado que estaba fuera de mi alcance. También lloraba porque me había entregado sin ninguna reserva.

Otro ejemplo de una experiencia lacrimosa es la que describe una mujer que a veces encuentra que un orgasmo particularmente fuerte puede hacerle saltar lágrimas: «La sobrecogedora emoción fluye por todo mi ser, me sacude y me deja agotada».

Mientras que esta primera entrada en nuestro vocabulario de las lágrimas entraña esencialmente una reacción física provocada por alguna intrusión en el presente, el tipo siguiente de llanto se relaciona con acontecimientos del pasado.

*Reminiscencia*

Por cierto que es razonable afirmar que un gran volumen de llanto se relaciona con recuerdos personales. Tu conciencia, tu sentido de ti mismo, tu mero ser, están formados por una colección de imágenes, recuerdos y reminiscencias. Mientras que algunas de esas imágenes son representaciones exactas de acontecimientos que ocurrieron realmente, muchos de éstos han sido distorsionados con el tiempo. La claridad de detalles se deteriora a lo largo de un prolongado almacenamiento. Otros recuerdos sufren la alteración provocada por tu propia conveniencia, a fin de reescribir la historia de tal manera que te resulte más fácil convivir con ella. Y otros acontecimientos fueron tan penosos que han quedado enterrados lo más profundamente posible.

Cualquier cosa que encuentres en el presente se conecta con tu pasado. Cualquier cosa que te parezca lo suficientemente molesta o excitante como para llorar ahora mismo, también conecta con imágenes y recuerdos de tu historia personal. Toda vez que lloras por alguien, lloras también por ti. En otras palabras, toda experiencia que te lleve a llorar es en parte resultado de circunstancias presentes, pero también lo es de asociaciones con lo que has vivido en el pasado. El significado se construye a través de la integración de la experiencia.

Recorre la lista de las ocasiones más recientes en que has llorado. Como parte constitutiva del episodio no sólo encontrarás el estímulo presente que te povoca el llanto, sino también algún recuerdo del pasado. Un hombre al que se le pidió que realizara esa conexión con un episodio de llanto reciente, encontró que a veces la relación entre acontecimientos no es del todo evidente:

Al comienzo no podía advertir conexión alguna, pero lloré cuando vi aquella película sobre el Holocausto. Aun cuando no soy judío y en realidad no conozco a nadie que hubiera sido cogido en todo aquel asunto, sentí verdadero horror por todas aquellas personas. Mis lágrimas no tenían nada que ver conmigo, simplemente sentía tristeza por esos supervivientes que tenían que vivir con todo aquello para el resto de su vida.

Me quedé preguntándome qué diablos tenía que ver conmigo todo aquello. ¿Cómo era que lloraba también por mí? Luego tuve esta imagen inmediata de caminar por las salas de la escuela secundaria y del miedo que tenía casi siempre de que aquellos tíos me pegaran si por casualidad chocaba con ellos.

Tras nueva reflexión, este hombre se dio cuenta de que aunque lloraba en respuesta a lo que había sucedido en la película, también sentía que lloraba por el cuadro mayor de terror, de injusticia, de ser amedrentado. No fue consciente de la fuente de sus lágrimas en el momento en que éstas brotaban de sus ojos, sino que después de una pequeña reflexión fue capaz de extraer conexiones con su propias experiencias de sentirse aterrorizado. Sus lágrimas, que al comienzo parecían deberse exclusivamente a la película, también se debían a sus propias reminiscencias dolorosas.

Aunque afirmar que todo llanto es llanto por reminiscencias penosas sería ir demasiado lejos, no cabe duda de que algunos episodios lacrimógenos de nuestra vida son claramente desencadenados por restos de un pasado que preferiríamos olvidar.

Una mujer que atravesaba la cuarentena se había esforzado en encajar la pérdida y la pena de su propia infancia. Podía llorar a mares y, sin embargo, tenía la sensación de no haber derramado nunca suficientes lágrimas:

Estaba yo sentada en el coche comiendo un burrito. Me sentía angustiada, sin saber a qué se debía aquel desasosiego tan grande. Por alguna razón comencé a pensar en que había sido objeto de abuso sexual por parte de mi padrastro. Repentinamente, el burrito se transformó en un pene. Sabía a sudor y a orina. Claro que yo sabía que era un burrito y me esforzaba por comerlo. Masticaba con fuerza, liberando simbólicamente toda la energía que estaba acostumbrada a sentir sobre mí.

Comencé a observar a una niñita que, en la acera de enfrente, salía de su casa para hablar con su madre. La niña tenía aproximadamente la misma edad que yo cuando mi padrastro empezó a abusar de mí. La observé con su salto de cama, juguetona y con aspecto de feliz y libre. Parecía inocente e ingenua. En aquel momento empecé a llorar por la pérdida de mi propia inocencia. Sentí de una manera abrumadora que yo debí de ser alguna vez tan inocente y libre como aquella niña, pero que eso me había sido arrebatado.

Aun al leer estos relatos pueden asomar las lágrimas a nuestros ojos, tan intenso y auténtico era el dolor de los relatores. Esto no sólo es cierto respecto de las lágrimas por pérdidas, sino también respecto de otras fuertes reacciones emocionales.

## Redención y liberación

El valor terapéutico del llanto se encuentra a menudo en su capacidad para extraer los recuerdos dolorosos del pasado. Si hubiera que señalar una sola cosa en que la gente parece concordar acerca de la ayuda que les proporcionan las lágrimas, habría que decir que son un medio de liberarse de imágenes obsesivas. Mientras que la voz previa de nuestro diccionario de las lágrimas remite a las reminiscencias que continúan persiguiéndonos, este tipo de lágrimas incluye el llanto que conduce a una cierta solución de conflictos pasados o un cierto alivio en las circunstancias presentes.

En su niñez, Howard nunca había tenido oportunidad de hablar de la angustia en que transcurría su vida cotidiana: había sido objeto de malos tratos emocionales y físicos por parte de sus padres. Fue más por medio de las lágrimas que de las palabras que intentó comunicar lo que experimentaba, aun cuando nadie prestara demasiada atención. Trataba, lo mejor que podía, de tansmitir a los demás la magnitud de sus heridas, pero la vergüenza le ahogaba la voz:

> La iglesia era el único lugar que sentía verdaderamente seguro. Mi familia no iba conmigo. Apenas me deslizaba en un banco, se me llenaban de lágrimas los ojos y con ellas tenía que luchar el resto de la hora. Pero en la serenidad y seguridad de la iglesia, las lágrimas acudían. Ponía la cara hacia abajo, me mordía el labio y me echaba el pelo sobre el rostro para esconder las lágrimas. ¿Veía Jesús el llanto? ¿Veía alguien mi llanto? Por un brevísimo instante me había expuesto, me había liberado de las limitaciones del juego que se me imponía.

De la misma manera en que, en el pasado, las lágrimas ofrecían a Howard cierta liberación cuando sufría por los abusos, el llanto ocasional del presente le permitía buscar algo así como una redención de las circunstancias que, aun cuando estaban fuera de su control, provocaban sentimientos de culpa, vergüenza y humillación. Las lágrimas de liberación eran para él la manera primaria en que trataba de dejar atrás el pasado.

*En conexión con los demás*

«En la felicidad y en la desgracia», reza la frase de los votos matrimoniales. Lo mismo se podría decir respecto del tipo de lágrimas que nos unen a los otros. En el mejor sentido de lo que significa llorar con otros, las lágrimas se comparten durante las ceremonias que marcan transiciones a las que se tiene por significativas en la vida: bodas, funerales, *bar mitzvahs*, bautismos, graduaciones... Estas experiencias nos conectan como sería imposible de otra manera, tanta es la diferencia entre el intercambio que se produce cuando se llora con un abrazo y el que se opera con un simple apretón de manos y el ofrecimiento verbal de condolencias o felicitaciones.

Análogamente, las lágrimas que acompañan las partidas actúan como mensajes de unión que llevan a una mayor intimidad. Cuando los hijos abandonan el hogar o los miembros de la familia se marchan en viajes largos, las expresiones de amor y de tristeza más auténticas no se materializan en palabras o regalos, sino en lágrimas. Te bastaría mirar a tu alrededor en cualquier aeropuerto para comprobar las maneras tan poderosas y conmovedoras en que las personas se despiden cuando lloran juntas.

Otra variación de este tipo de lágrimas se asocia con las compasión y la empatía humanas. Se sabe que la gente llora cuando presencia actos de heroísmo o de altruismo. En un caso, una mujer dice que llora copiosamente como respuesta a la simple lectura de un relato acerca de un grupo de adolescentes que se afeitan el cráneo en una manifestación de unidad con uno de sus amigos que ha perdido el pelo debido a la quimioterapia:

> Pensé que aquello era tan hermoso, que no pude contenerme. Siempre hemos oído relatos de cosas horribles que se hacen los seres humanos entre sí, y sin embargo aquí encontrábamos un ejemplo de un grupo de muchachos que se mostraban recíprocamente su amor. La lectura de este relato me hizo sentir bien.

Lo que levantó el espíritu de esta mujer fue la conexión más estrecha que sintió con los demás. Los simples actos de bondad desencadenan en nosotros una reacción de empatía simpática en la que las lágrimas comunican la medida de nuestra emoción.

## Pena y pérdida

Ésta es la más aceptable de todas las clases de llanto, al menos si no se prolonga demasiado. He mencionado antes de qué manera, en determinadas circunstancias de dolor o de pérdida, el llanto une a la gente en una experiencia compartida. Como explica una mujer, hay un sentimiento de pérdida común:

> Llorar con otros puede ser como compartir una comida o un vino especiales: puede unir a la gente cuando nos vemos unos a otros desprotegidos y vulnerables. Es esa transparencia la que nos mantiene unidos en nuestro dolor y humanidad comunes. Entonces es cuando más cerca nos sentimos como miembros de una familia.

Una segunda función de las lágrimas que representan pena y pérdida es que reducen el ritmo vital, de tal manera que encontramos tiempo para reflexionar. Nos permiten honrar a los que echamos en falta, hablarles y guardar para ellos parte de nuestra vida:

> Las lágrimas me asomaron a los ojos cuando pensé en mi padre, que había muerto de cáncer cuatro años antes. Era una persona bondadosa, de hablar suave. Llevaba una vida simple. Estaba orgulloso de sus hijos, de los que sólo quería que realizaran sus respectivos sueños. Es una verdadera vergüenza que muriera sin haber tenido oportunidad de lograr sus propios sueños de ver los logros de sus hijos y sus nietos. Lloro porque lo extraño terriblemente. Lloro porque siento tristeza por mí mismo al pensar que ya no está entre nosotros.

Las lágrimas por pérdida también se viven de muchas otras maneras, a menudo como un sentimiento de rechazo. De alguna manera, la gente se siente más devastada por el divorcio que por la muerte. Cuando muere un ser querido, la gente siente pena por ti. Tienes derecho al duelo público. No hay nada personal en todo esto; tú no has hecho nada; la pérdida simplemente ha sucedido.

Sin embargo, cuando una relación se acaba por elección de la otra persona, hay más que pena. Sientes el rechazo de lo más íntimo de ti, como si no tuvieras valor. Te sientes sin esperanza. No sólo luchas con la pérdida de la persona que amabas, sino también con la pérdida de tu autoestima y respeto de ti mismo. Raramente es un final limpio, como ocurre con la muerte. Seguirás viendo a esa persona, oirás hablar de ella, incluso te enterarás de que tiene otra relación. Una mujer recuerda:

> Recuerdo el día, la hora y el escenario en que me sentí tan destruida, con tanto dolor emocional, que apenas podía respirar. Me era imposible controlar las lágrimas. Sollozaba al extremo de no poder tomar aire. Le rogaba a mi pareja que no me dejara. Él no me escuchaba. Se volvió y se retiró, cerró la puerta y me dejó fuera de su vida. Me dejó sola para que llorara y me las arreglara con el corazón roto.
>
> En ese momento sentí que ya no volvería a ser la misma, que nunca me reunificaría. Él era el centro de mi vida. Planeábamos pasar juntos el resto de la vida. Nunca hasta entonces había habido un llanto tan devastador. Tal vez fuera mejor así, o eso es lo que me dije a mí misma.

Ésta es una historia de lágrimas que la mayoría de nosotros puede relatar fácilmente. Han pasado años, incluso décadas, desde que esas pérdidas se produjeron, y sin embargo las heridas aún siguen abiertas. A todos nos obsesionan problemas no resueltos de nuestro pasado, el amor perdido, el trauma y la tragedia, incluso el desdén emocional o el abuso. Todavía hoy lloramos esas pérdidas; tal vez las lloremos siempre, hasta el día de nuestra muerte.

*Desesperación y depresión*

Para quienes padecen una depresión severa, llorar es como respirar; es su manera de cargar energía, no mediante suaves inspiraciones de vida, sino a través de desgarrados sollozos de desesperanza. Se sienten fuera de control, como si un espíritu ajeno les hubiera invadido el cuerpo, aunque es para ellos un estado completamente familiar.

Hay pocas experiencias más horribles que la de estar solo con una persona desesperada, abatida, al límite del suicidio. Una mujer en esta situación, que hasta ese momento no había respondido a medicación antidepresiva ni a terapia alguna, ni siquiera pudo terminar nuestra entrevista acerca de su experiencia.

Todo el tiempo permaneció muda e inmóvil. Una corriente continua de lágrimas se derramaba sobre su blusa de seda, que no podía absorber el exceso de líquido. Me pregunté, en parte para distanciarme y distraerme de su sufrimiento, si no habría sido mejor que usara algodón; me sentía tan inútil que estuve a punto de decírselo, como lo único constructivo que podía ofrecerle. De sus manos desbordaban pañuelos de papel que caían sobre la falda y algunos yacían junto a sus pies.

Alternaba al menos tres fases diferentes de llanto. Primero, un llanto lánguido, latente, con escaso movimiento o ruido, apenas una inclinación de la cabeza que ocultaba el rostro debajo de una cascada de pelo. Ese estado daba lentamente paso a sollozos profundos y estremecidos, ocasionalmente puntuados por lamentos como «¡Oh, Dios! ¡Oh, Dios!».

Mientras la observaba nerviosamente (¿Qué haría si empeoraba? ¿Acaso se podía estar peor?), reflexioné sobre qué finalidad podían tener esas lágrimas. Inundada de lágrimas, la mujer se ahogaba en ellas por tercera vez.

Con voz calma le ofrecí todo el consuelo que pude, sólo para desatar una tercera fase de lágrimas, una suerte de explosión de jadeos en *staccato,* como si la estuvieran estrangulando. Nada de lo que le decía (y probé todo lo que a un psicoterapeuta se le puede ocurrir en esa situación) producía el menor efecto visible, salvo aumentar la intensidad de su desesperación. Por último, me resigné a la realidad de que ésa era la única manera que tenía de (en que podía) hablarme. Ése era su lenguaje y, desafortunadamente, yo podía oírlo con toda claridad: era alguien que se moría de adentro hacia afuera. Sus lágrimas escapaban a todo control y cualquiera que fuese la finalidad que alguna vez hubiesen tenido para proporcionar alguna ayuda, la alarma había quedado encendida y atascada en esa posición.

*Alegría y trascendencia estética*

Aunque a menudo asociamos el llanto con la angustia o incluso con los intentos de obtener simpatía, hay todo un conjunto de circunstancias que provocan lágrimas de alegría y de éxtasis. Aun cuando el sentimiento primario sea una bendición, nuestro ser puede sentirse conmovido al extremo de producir lágrimas, tal como en la experiencia que describe una madre primeriza:

> Era verdaderamente un milagro. Lo único que yo podía hacer era llorar. Eran lágrimas de alivio, de asombro, de amor. Con este nacimiento se producía la revelación de que mi marido y yo habíamos creado esta hermosa criatura, ¡que habíamos sido realmente capaces de tener un hijo!

Otras formas de alegría lacrimógena, como la trascendencia estética y espiritual, son provocadas por lo que se percibe como milagroso. Sin embargo, una diferencia es que algunos expertos consideran que los sentimientos de exaltación derivada de un ocaso extraordinario, un pasaje musical o una obra de arte, son una apreciación exagerada de la realidad, representan una distorsión de lo que realmente sucede en el mundo exterior.

El psicólogo Kerry Walters discute la afirmación de los científicos según la cual las lágrimas son técnicamente incoherentes, irracionales e incomprensibles. ¿Está en verdad emocionalmente perturbada una persona porque llore cuando oye una sonata para flauta de Handel o cuando ve una pintura de Goya? Por cierto que es una respuesta exagerada a un fragmento de ruido o de pigmento. Sabemos que no se trata de un objeto real, o que la imagen de un pasaje musical es completamente mental, y sin embargo tenemos por genuinas las reacciones que implican lágrimas, como si nos viéramos más directamente implicados en el movimiento de la acción.

En un análisis de la emoción visceral de ciertos pasajes musicales que pueden provocar lágrimas en el oyente, el psicólogo británico John Sloboda ha estudiado la interconexión entre sonido y respuestas psicofisiológicas. En primer lugar identificó pasajes musicales particulares que producen lágrimas permanentemente, o al menos un nudo en la garganta: fragmentos de la *Sinfonía n° 2*, de Rachmaninoff; *Fidelio*, de Beethoven; *La Bohème*, de Puccini; la *Misa en si menor*, de Bach; el *Concierto para violín*, de Mendelssohn o *Romeo y Julieta*, de Chaikovsky. Siguió el rastro a diversos procesos que se producían en los oyentes: el nivel de intensidad de la música, que no es fácil de experimentar en la vida cotidiana; el alivio de tensión tras el ascenso de la presión del relato imaginado; las asociaciones implícitas, que provocan recuerdos de pérdidas o alivios; y el final anticipado de la tensión constituido por los sonidos culminantes.

En cada uno de estos ejemplos, las fuertes respuestas emocionales, con lágrimas incluidas, derivan de los dos mismos tipos de respuesta estética: sentimiento movido por el «tema del amor» en *Romeo y Julieta,* debido a la vivacidad con que se cuenta la historia, o por la suprema perfección del segundo movimiento del *Concierto para piano nº 1,* de Brahms. En todos estos casos, Sloboda descubrió todo un lenguaje emocional oculto que se materializa en la música. Mientras que los estremecimientos fisiológicos pueden ser provocados más fácilmente por cambios en la armonía, y una aceleración cardíaca por cambios en la cadencia, las lágrimas son provocadas sobre todo por cambios en la melodía en que se adorna una nota inferior. Cita como pasaje prototípico de «lágrimas» los primeros seis compases del tercer movimiento de la *Sinfonía nº 2,* de Rachmaninoff, debido a su armonía descendente.

La música puede convocar con la mayor facilidad este tipo de lágrimas estéticas o trascendentales, pero mucho más comunes son las lágrimas derivadas de despertares espirituales. Bajo tales circunstancias, las lágrimas son esencialmente privadas, ofrenda sagrada de quienes se sienten motivados en su relación con Dios. Mientras que ciertas religiones, como la Iglesia católica o la mormona, consideran que sus instituciones son intermediarias entre uno mismo y Dios, un miembro de la Iglesia pentecostal intenta comunicarse directamente con el Poder Superior. Se considera que hablar lenguas, lamentarse y llorar son la demostración emocional que indica un verdadero amor a Dios.

En un contexto menos ecuménico, pero no disminuido, las lágrimas de gratitud pueden expresarse como ofrenda privada. Su intención y significado no estriban en que las vean los demás; en realidad, su significación espiritual reside en la plegaria solitaria que constituyen. Como explica un hombre:

Hay momentos en que, mientras conduzco mi coche, repaso mentalmente algunas de las presiones financieras que me acucian: dos niños en el colegio, deudas que se amontonan sin final a la vista. Precisamente cuando comienzo a sentirme abrumado pienso en todo lo que tengo para agradecer: salud, el amor de mi mujer, buenos amigos que se preocupan por mí y dos hijos maravillosos. Entonces me siento tan afortunado que me dan deseos de agradecer a Dios, tan emocionado que a veces lloro.

Las lágrimas de este hombre no tienen la finalidad de comunicar nada, salvo a sí mismo o a Dios. En realidad, éstos son los únicos momentos de su vida en que se ve movido a las lágrimas. Cuando le pedí que describiera otros momentos en que había llorado, me miró con expresión desconcertada y se encogió de hombros.

La soledad, por tanto, puede convertirse en un lugar especial para lágrimas no destinadas a ser desveladas. Obviamente, tienen muy poca utilidad como medio de comunicación; son más bien una ofrenda. El interior de ti mismo le dice al exterior que algo maravilloso sucede.

## Experiencia vicaria

Si las lágrimas de la trascendencia estética son la inmersión última en la realidad, esta variedad ocurre sólo en un contexto imaginario. Al asistir a una obra de teatro, suspendes temporariamente tu creencia durante los cambios de escenario. Con ocasión del cinematógrafo o de espectáculos de televisión, acuerdas imaginar que lo que sucede es real; en realidad, esta voluntad de simulación es lo que te permite llorar de alegría o de tristeza por lo que no te sucede a ti, sino a los otros.

Es interesante considerar por qué deseamos deliberadamente llorar. Hay películas que vamos a ver específicamente para eso; incluso nos preparamos para la aventura cargando por anticipado con la suficiente cantidad de pañuelos de papel. Nos acomodamos en los asientos, nos encerramos en el mundo de la pantalla y lloramos de forma programada cada vez que la música señala que ha llegado el momento de hacerlo.

El comediógrafo David Baddiel es un explotador de este tipo de situaciones. Le encanta perderse en las luchas patéticas, trágicas, de los personajes, sobre todo en historias de amor entre un hombre y una mujer, un muchachito y un extraterrestre o una mujer y un fantasma: «Es increíblemente estimulante sentir que una película sentimental se abre paso a través de un campo de fuerza de cinismo sólidamente enquistado en uno mismo». Baddiel tiene razón. A menudo nos controlamos demasiado como para llorar por nosotros mismos. Enfrentarse a las tragedias, las aprensiones y los terrores de nuestra propia vida es mucho más amenazador.

Sin embargo, entraremos en una habitación oscura para llorar por gente que no conocemos y que ni siquiera es real y pagar por el privilegio de hacerlo. No tenemos responsabilidad de su desgracia, como la tenemos por nuestras propias pérdidas. Tenemos libertad para llorar precisamente porque se trata de algo que no es real. Podemos dejarnos arrastrar por el sentimiento con toda seguridad, porque no seremos los que sufran realmente. Al salir del cine, dice Baddiel, «siento que me aferro al recuerdo de lo que he visto, que trato de prolongar las emociones que provocó, de usarlas para realzar cierto sentido de lo maravilloso en el mundo exterior. Esto puede ser desfavorable. Después de todo, así es el material del que están hechos los sueños, y no hace falta gran cosa para que reviente la burbuja de serenidad con que la película me envolvió».

El puro placer de ver una película que nos hace llorar, o que nos protege del infierno interior, es que podemos experimentar nuestras emociones sin riesgo personal. Hemos pagado a mercenarios para que peleen con los monstruos o para que repelan el peligro por nosotros. Podemos vivir vicariamente en una montaña rusa emocional, reír un momento, llorar al momento siguiente, experimentar la tensión de la excitación emotiva, pero llegar al final del viaje sin un solo pelo fuera de lugar.

## Cólera y frustración

Hemos dejado esto para el final porque hay expertos que dudan de que haya verdaderas lágrimas de cólera. Entre ellos, dos educadores consejeros de Inglaterra, Kingsley Mills y A. D. Wooster, citan los ejemplos del niño que se echa a llorar cuando está a punto de pelear o de la niña que rompe en lágrimas cuando ha derrotado a un adversario en una discusión. En ambos ejemplos, sus llantos parecen pura cólera, pero en verdad ésta se diluye en expresiones de temor y de aprensión de las que quedan completamente excluidas la fuerza y la energía. No obstante, «una actitud llorosa se caracteriza por la visión borrosa y la desesperanza, sentimientos que tienen más que ver con el desaliento y el temor que con la cólera».

Que la gente esté realmente rabiosa o no *cuando* llora (en oposición a lo que sucede después) es una cuestión controvertida; no obstante, existen muchos testimonios que corroboran la participación de ese sentimiento:

> Fue después de volver a mi oficina cuando sentí deseos de partirle la cara de una trompada al hijo de puta. Había tenido que aguantarme y encajar el mal trato... de un burro que no sabe ni la mitad que yo de la situación. Asentí con la cabeza en señal de acuerdo con él, mientras ardía por dentro.

Se me pasó apenas cerré la puerta. Sí, estaba frustrado. Mortificado, también. Pero sobre todo estaba rabioso, con él por tratarme con tanta desconsideración y conmigo por aguantarlo. Después de llorar me sentí mejor. Era extraño, porque en realidad me parecía terrible que le hubiera permitido tratarme de aquella manera. Pero me odié tanto a mí mismo por ser de esa manera que resolví que no volvería a permitir que sucediera lo mismo.

Aunque en este ejemplo las lágrimas de cólera fueron elaboradas hasta llegar a una resolución, a menudo la sobrecarga emocional se vuelve hacia dentro en forma de autoaversión. Una de las diferencias genéricas que exploraremos en un capítulo posterior es que las mujeres lloran más fácilmente que los hombres cuando sienten cólera o frustración, puesto que han sido socializadas para reprimir la agresión. Son muchas las mujeres que hablan del nexo entre cólera, miedo y llanto. Algunos psicólogos del género, encabezados por June Crawford, han observado que la cólera es esencialmente una expresión de impotencia; los que tienen poder real no necesitan encolerizarse.

A menudo, llorar es la manera que tienen las mujeres y las niñas de expresar rabia, cuyo origen es un sentimiento de impotencia. La cólera primaria también puede expresarse indirectamente como daño secundario. Se puede usar las lágrimas como castigo, como arma para devolver la agresión a alguien que te ha lastimado. Una mujer, por ejemplo, estaba furiosa porque su marido llegaba tarde del trabajo y no la llamaba. Puesto que ese sentimiento era inaceptable para ella, lloró lágrimas de decepción, de tristeza y de dolor por una herida recibida:

> Comencé haciendo pucheros, luego lo oí entrar. Las lágrimas empezaron a brotar cuando oí por primera vez su voz que llamaba: «¡Cariño, ya estoy en casa!». Me sentí vacía por dentro. Sentí que me

había desilusionado. Había tenido un día pésimo y él estaba fuera, divirtiéndose. No era justo.

Él reaccionó de una manera muy consoladora. Quería hablar del motivo de mis lágrimas, pero yo me aparté. Se echó junto a mí y me tomó en sus brazos, prometiendo que eso no volvería a suceder.

Aunque esta mujer no utilizaba deliberadamente sus lágrimas para manipular a su marido, éstas tuvieron la consecuencia deseada de castigarlo de tal manera que terminara por sentir remordimiento. Hay otros ejemplos en que el llanto se emplea más intencionalmente como arma.

## EL VOCABULARIO ESPECIAL DE LAS LÁGRIMAS MANIPULADORAS

Nuestro análisis no sería completo si no nos ocupáramos del papel que desempeña la motivación. Si bien hasta ahora he hablado sobre todo del llanto como acto sincero, como un acto con el que una persona responde explosivamente a un acontecimiento trágico o alegre, lo cierto es que también se puede desencadenar deliberadamente el llanto.

Si el objetivo es ganar simpatía, liberarse de culpa, ejercer el chantaje emocional, atraer a alguien o rechazarlo, hay pocas maneras más efectivas de hacerlo que un buen llanto. Como explica una mujer:

Sí, yo era conocida por conseguir lo que quiero con unas cuantas lágrimas. ¡Es que estamos en un mundo de hombres! Ellos gozan de todas las ventajas. Yo uso cualquier arma que tenga a mi alcance.

Sé que he conseguido una promoción en el trabajo precisamente porque mi jefe no quería enfrentarse a mi dramática desilusión en su oficina. Puedo montar todo un espectáculo cuando quiero.

Lo mismo ocurrió con mi compañero. Digamos que él quiere hacer una cosa y yo otra. No hay nada como una lágrima o dos para que se haga lo que yo quiero. Él cede enseguida.

Cuando éramos bebés aprendimos cuánto poder puede encerrar el llanto para conseguir que los demás hagan nuestra voluntad. Observa las interacciones entre un niño de un año y sus padres a punto de salir por la noche. Poco después de que la canguro coge al niño en brazos, los padres se encaminan hacia la puerta y de inmediato se oyen chillidos de rabia. El bebé tiene otros planes para sus padres; preferiría mucho más que se quedaran en casa para hacerle compañía. Una vez que los padres están de nuevo junto a él, deja de llorar tan abruptamente como si le hubieran apretado un botón. Lo miman un minuto, le ofrecen palabras tranquilizadoras que la criatura no puede entender y luego se vuelven otra vez hacia la puerta. De nuevo comienzan los gritos.

Este niño, como observa la pediatra Katherine Karlsrud, está aprendiendo una lección importante: «Llorar y patalear permite obtener control sobre los demás y conseguir gratificación instantánea».

Muy bien puede ser que en la producción de lágrimas auténticas intervengan diferentes partes del cerebro, diferentes circuitos nerviosos e incluso diferentes músculos que en la producción de lágrimas artificiales. El astuto observador que era Charles Darwin advirtió hace más de cien años las diferencias entre una sonrisa espontánea y una de mera cortesía. La primera reacción, involuntaria, combina las contracciones de dos músculos, uno de los cuales, el *orbicularis oculi,* no puede ser controlado mediante un acto de voluntad. Sin embargo, ven una sonrisa artificial, sólo se moviliza el músculo llamado *zygomatic major,* órgano mucho más maleable, que hará cualquier cosa que le pidamos.

En el caso del llanto, así como luego veremos que las lágrimas provocadas por la emoción tienen distinta composición química que las provocadas por la cebolla, así también podemos afirmar que las lágrimas espontáneas tienen su origen en una parte del cerebro, mientras que las ficticias necesitan mayor imaginación mental de la corteza, como cualquier actor de escuela puede comprobar.

El autor satírico Doug Marlette escribe acerca de cómo la expresión emocional en general, y las lágrimas en particular, son instrumentos incluso de sociópatas y perversos para ganar simpatía y huir de la responsabilidad. Este autor describe cómo a cualquier persona que haya cometido abusos sexuales en perjuicio de menores o convicta de asesinato le basta llorar en una entrevista televisiva para ganarse la simpatía del público. El llanto puede ser un truco barato para que los demás sientan piedad de nosotros.

Si esto parece exageradamente cínico, piénsese que los actores más hábiles pueden llorar a pedido, tres, cuatro, cinco tomas seguidas. Muchos de ellos utilizan una técnica que funciona muy bien para cualquiera y que consiste simplemente en pensar en el propio pasado y revivir un momento trágico.

Tanto nos impresionan las lágrimas, dicho sea de paso, que una actuación estelar con llanto puede influir en la candidatura al premio de la Academia. En un análisis de candidatos propuestos a los Oscar en la categoría de mejor actor principal y mejor actor secundario, Jim Gullo estudió algunos botines del llanto durante los últimos años. Si bien no es del todo justo decir que el llanto fue el único factor de una actuación ganadora del Oscar, la exhibición de lágrimas desempeñó un papel importante a la hora de demostrar un talento interpretativo extraordinario. Recordemos algunos de esos lacrimosos monólogos que resultaron tan efectivos que quizás hasta te hagan llorar a ti:

- En 1978, Jon Voight ganó el premio al mejor actor por su lacrimoso parlamento en *El regreso*. Con un estilo lloroso que sería más adecuado calificar de «tembloroso», exhibió ojos húmedos pero mejillas secas.
- Dos años más atarde, Robert de Niro consiguió el mismo premio por sus ruidosos e incoherentes sollozos tras perder intencionalmente una pelea en *Toro salvaje*.
- Ese mismo año las actuaciones llorosas arrasaron. Timothy Hutten lloró apasionada, desvergonzadamente, en *Gente corriente,* al contar la muerte de su hermano. Para él fue el premio al mejor actor secundario.
- En 1985, Jack Nicholson en *El honor de los Prizzi* y William Hurt en *El beso de la mujer araña* se alzaron con los Oscar por su llanto melodramático pero contenido.
- En una de las raras veces que esto ocurrió en la historia del cine, Tom Hanks ganó un Oscar en 1994 por verter lágrimas de alegría. En *Philadelphia,* encarnando a una víctima de sida en estado terminal, lloró mientras apreciaba la belleza perfecta de una aria interpretada por María Callas.

La tendencia continúa hoy. Se trate de hombres o de mujeres, el llanto nos conmueve como ningún otro gesto expresivo. Si los actores profesionales pueden simular tan bien el llanto que ganan literalmente premios de la Academia, imagina qué pueden conseguir personas muchísimo más inescrupulosas en el uso de las lágrimas para atraer apoyo, ganar simpatía, influir en los resultados y manipular a los demás.

Otro uso mucho más común de las lágrimas como agente de manipulación es el que una mujer describe en estos términos:

> Seguramente, puedo llorar cuando quiero, pero no desperdicio lágrimas a menos que lo necesite realmente, de verdad. El otro día estaba yo en una tienda tratando de devolver un par de zapatos que el gerente decía que estaban demasiado usados como para recibirlos en devolución.
> Argumenté. Rogué. Amenacé con no volver. Luego lloré. Una suerte de llanto lastimero, desamparado. No fue mi mejor actuación, pero cumplió su cometido. El hombre admitió la devolución de los zapatos. ¡Y se disculpó!

Para defenderse de las acusaciones de que esas lágrimas eran exageradamente melodramáticas, cuando no manipuladoras, la mujer replicó: «Las mujeres lloran porque es la única manera que tienen de hacer valer sus sentimientos».

Para ambos sexos, el llanto es en verdad un lenguaje que trasciende las palabras, una manera de comunicar con sus propias reglas especiales de gramática y su propio vocabulario único. En capítulos posteriores estudiaremos mucho más en profundidad las diferencias de género en las maneras en que la gente entiende y habla vocabularios especializados de llanto.

En el capítulo que sigue, exploraremos los mecanismos por los cuales el llanto evoluciona hasta llegar a tener un papel tan importante en la expresión del sentimiento. ¿Por qué el llanto sólo se desarrolló como sistema de comunicación y de señales en nuestra especie? ¿A qué funciones están destinadas las lágrimas? ¿Cómo operan adaptativamente para ayudarnos a conseguir lo que queremos?

# 3

# Evolución del llanto

L as lágrimas iniciaron su vida hace más de medio millón de años como sistema de limpieza ocular de la córnea humana, una especie de limpiaparabrisas que actuara automáticamente en respuesta a irritantes aéreos. Sólo en el *homo sapiens* este líquido ocular evolucionó como parte de un intrincado sistema de lenguaje en el que pueden expresarse sentimientos complejos en forma de cápsulas.

Los seres humanos somos únicos, pero lo que nos distingue de las otras criaturas no es el uso del fuego ni el pulgar oponible. De acuerdo con el neurofisiólogo Paul MacLean, que estudia la evolución del cerebro como órgano de la emoción, lo que nos distingue es la capacidad para llorar lágrimas en respuesta a la separación de los seres queridos. Este autor presenta una inquietante teoría, según la cual la primera aparición de las lágrimas como llanto en el hombre se produjo hace 1.400.000 años, cuando el uso del fuego se hizo común. Conjetura que el humo concomitante provocó por primera vez los reflejos lacrimosos. MacLean argumenta que, puesto que los miembros de las tribus se sentaban en torno al fuego para cocinar, cauterizar heridas, despedirse de miembros de la familia y celebrar las ceremonias de cremación de los seres queridos, la excreción de lágrimas se convirtió en un reflejo condicionado asociado a la separación.

Tanto si esta provocativa hipótesis tiene una base real como si no la tiene, lo cierto es que llama la atención sobre la naturaleza vinculante de las lágrimas, que forman parte de tantos rituales nuestros. Con independencia de que esta conducta se desarrollara como reflejo condicionado o que, como es probable, evolucionara a través de la selección natural debido a sus otros usos funcionales en la comunicación y la interacción, está claro que, sobre todo entre los niños pequeños, los más llorones consiguen satisfacer sus necesidades más rápidamente que los que no dicen ni pío.

## FUNCIONES EVOLUTIVAS DE LAS LÁGRIMAS

Es una ironía que Charles Darwin, el maestro de la adaptación evolutiva, considerara las lágrimas como una excepción a su regla de que toda conducta se selecciona naturalmente sobre la base de su valor adaptativo al ayudar a un organismo a sobrevivir. Darwin no encontró ninguna finalidad útil en las lágrimas; especuló que se trataba simplemente de un acompañamiento no significativo de los vasos sanguíneos congestionados y los músculos contraídos alrededor de los ojos. Quedó sumamente desconcertado, en términos evolutivos, ante la pregunta por el modo en que esta conducta pudiera contribuir a la supervivencia de un individuo. Este ruido sin sentido no parecía contribuir de ninguna manera a la probabilidad de supervivencia y de procreación.

En efecto, hay razones mucho más importantes por las que el llanto ha evolucionado a partir de su finalidad originaria de producir un fluido antiséptico para conservar los ojos libres de bacterias y de partículas extrañas. Entre los más adaptados a la supervivencia están los más hábiles en medios directos o indirectos para satisfacer las necesidades. Puesto que una porción tan considerable de la interacción humana gira en torno a los favores recíprocos, pedir ayuda a través de la solicitud verbal directa implica la compensación: se sobrentiende que en un futuro responderás con la misma, o tal vez mayor, inversión de tiempo, energía y recursos. Sin embargo, si puedes solicitar ayuda en forma indirecta, mediante el argumento de las lágrimas, por ejemplo, la expectativa de recompensa recíproca es algo menor. Después de todo, en realidad no pediste ayuda, aun cuando apreciaras su ofrecimiento. La gente afortunada —es decir, en términos evolutivos, la de vida larga, productiva y con abundante descendencia— tiende a ser la que utiliza tanto maneras imperiosas como sutiles de solicitar ayuda de los demás aun cuando, en un primer momento, éstos no estén dispuestos a ofrecerla.

Al adquirir cualquiera de las estrategias para ayudarnos a sobrevivir, tenemos, exactamente como los animales, ciertos reflejos (parpadeo, dilatación de la pupila, respuestas de susto), instintos movidos por hormonas (sexo) e impulsos (hambre, sed). Sin embargo, los seres humanos somos únicos por el tiempo tan prolongado que nos tomamos para lanzar un hijo al mundo. Una vez que nuestros antepasados aprendieron a caminar en posición erecta, cambiando para siempre la forma del canal materno del parto, y una vez que nuestos cerebros evolucionaron hasta hacerse tan grandes que nuestra cabeza no pasaría por la abertura si el cerebro estuviera plenamente desarrollado, la Naturaleza trazó un plan según el cual salimos del vientre inacabados. Mientras que muchos animales pueden moverse libremente pocas horas después del nacimiento, las crías humanas necesitan varios años para completar su desarrollo antes de poder valerse por sí mismas. Esto significa que de alguna manera necesitan que los adultos mantengan suficiente interés y paciencia como para permanecer junto a ellos y proporcionarles comida, abrigo y protección de los depredadores.

Todas las respuestas emocionales, así como los medios para provocarlas en los otros, evolucionaron como modo de incrementar los vínculos entre los infantes y sus padres. A pesar de la necesidad biológica que todas las especies tienen de cuidar de su descendencia, hay peces que se comen la cría y la mayoría de los padres de los animales de tierra sólo permanecen unas pocas estaciones junto a sus hijos. No obstante, las emociones echan raíces profundas en los corazones humanos y nos mueven a invertir diez, incluso veinte años o más hasta que nuestros hijos pueden cuidarse por sí mismos.

Una vez que la supervivencia de los más adaptados se ha expandido hasta incluir no sólo a los más fuertes, los más rápidos, los más listos, sino también a los más sensibles y expresivos emocionalmente para aumentar su capacidad de comunicación, podemos ver de qué manera esas características de conducta permanecerán a lo largo del tiempo como algo útil. Es probable que quienes más han desarrollado la receptividad emocional tengan más éxito en sus interacciones con los demás. Históricamente, estos individuos sobrevivieron en una proporción mayor que los que no dominaban las complejidades de las señales emocionales. Puesto que producían descendencia más abundante, con el tiempo nuestra especie ha desarrollado mayor sensibilidad emocional (y lágrimas) a través de la selección natural.

No sólo se considera adaptativa la capacidad para llorar, sino la de llorar bien, de tal manera que invite más a la ayuda que a la retribución. Al observar la conducta de llanto de los infantes, por ejemplo, el pediatra Ronald Barr habló de la naturaleza paradójica del llanto como enormemente adaptativo y al mismo tiempo disfuncional. Cuando los bebés lloran de manera efectiva, consiguen satisfacer sus necesidades: se les cambia los pañales y se les lleva alimento a la cuna. Lo interesante es que el llorar estimula incluso la producción de leche en la madre, de modo que en realidad desencadena la producción de más alimento. Sin embargo, si lo lleva demasiado lejos, el exceso de llanto lleva a la frustración parental y, en ciertos casos, al mal trato del niño. No son raros los padres que han asesinado a sus hijos y han explicado, encogiéndose de hombros con expresión de impotencia: «Es que no dejaba de llorar».

De esta suerte, la capacidad para llorar con frecuencia o en tono muy alto no constituye por sí misma un buen elemento de predicción de sobrevivencia efectiva; también has de ser capaz de imprimir a tus explosiones un ritmo adecuado a la tolerancia de quienes te rodean. Además, has de ser capaz de llorar de tal manera que tu lenguaje se comprenda.

Dado que las lágrimas son el único lenguaje de que disponen los bebés, no tenemos por cierto la opción de pedirles que expliciten su significado: «Perdona, bebé, pero, ¿significa este llanto que tienes hambre o sólo es un poco de barullo para liberar un exceso de energía?».

Se ha utilizado espectrógrafos de sonido para analizar los rasgos más detallados del llanto en los infantes. Howard Golub y Michael Corwin, pediatras especialistas en diagnósticos acústicos, informan de la evidencia de varias características, algunas de ellas con nombres descriptivos de lo más interesantes. Además de la simple duración, de las pausas y la altura del llanto, los investigadores examinan la melodía (elevación y caída), armonía (frecuencias), bifurcaciones (señales divididas evidentes en llantos patológicos) y explosivas glóticas (liberación de presión), tal como sucedería en una pieza musical.

Con estos datos a mano, los especialistas en diagnóstico pueden determinar, por las características acústicas de un llanto, si hay

lesión cerebral por deficiencia de oxígeno en la respiración, icte-
ricia (un llanto fuerte se quiebra repentinamente en otros débiles),
hipotiroidismo (vibrato oscilante) o deficiencia respiratoria (dobles
armónicos). En un simple llanto hay señales fascinantes a disposición de quienes tienen sensibilidad suficiente para percibirlas.

Originariamente, el llanto estaba formado por cortas explosiones que anunciaban sufrimiento. Esto no sólo era más fácil a
los oídos, sino que además probablemente atraía menos a enemigos y depredadores. De esta suerte, el llanto prolongado en los
infantes, como en el caso de los bebés con cólicos, es un fenómeno relativamente reciente en nuestra evolución. Barr cree
que esta estrategia se desarrolló como un ardid del bebé para desalentar por un tiempo a la madre de que engendrara un hermano.
Mientras los padres tuvieran las manos plenamente ocupadas en
el niño presente, no crearían más competencia por la comida y
los recursos. Aunque se trata de una teoría en gran parte especu-
lativa, al menos proporciona una posibilidad de explicar por qué
han persistido estos llantos aparentemente disfuncionales, como
ocurre en los niños con colitis.

*El sistema de señales en los recién nacidos*

Tres señales infantiles primarias, presentes en nosotros desde
la edad más tierna, están destinadas a atraer la atención del adulto: el llanto, la sonrisa y la risa. Mientras que esta atención apaga
la primera señal, enciende las otras dos. En otros términos, el
llanto es lo que mueve a los padres a averiguar cuál es el problema; la sonrisa y la risa están destinadas a mantener cerca a los padres. Estas tres expresiones emocionales evolucionan como las
únicas maneras que tiene el niño de satisfacer sus necesidades. A

medida que el niño aprende a hablar y a sonreír, disminuye lentamente la frecuencia del llanto como forma primaria de expresión emocional.

Por un lado, nacemos con una tendencia completamente natural a expresar nuestros sentimientos pero, por otro lado, estas exhibiciones pueden ser molestas para los demás, o al menos distraerlos. Imagina cómo sería la vida si todo el mundo llorara, chillara, expresara su cólera, decepción o júbilo cada vez que lo sintiera. Los sentimientos, pues, están cuidadosamente regulados por sanciones instaladas para mantenernos en un control razonable. Uno de los lugares más comunes en que se puede apreciar cómo se pone en práctica esta formación es un avión, donde los padres hacen todo lo posible para impedir que sus bebés lloren, porque el ámbito se considera socialmente inadecuado para ello.

Ya en la primera infancia se envían poderosas señales de que hay otras maneras de pedir lo que se necesita. En diversos estudios de las pautas de interacción infante-madre que realizaron las psicólogas Carol Malatesta y Jeannette Haviland, se encontró que las madres envían a sus bebés un promedio de ocho señales de ese tipo por minuto, con las que les enseñan cuándo y cómo expresar sus sentimientos de acuerdo con las normas esperadas.

### Relaciones padres-niño

La naturaleza de las pautas de interacción padres-niño se desarrolla primero alrededor de cuestiones relacionadas con el llanto. En función de cómo respondemos a las primeras lágrimas de un niño, comenzamos a formular las maneras en que se organizará nuestra relación. Compárese, por ejemplo, tres maneras diferentes en que una madre podría responder a idéntico episodio de llanto que la despierta a las tres de la mañana, aproximadamente una hora después de la última comida de su bebé de tres meses.

La primera madre sale apresuradamente de la cama, corre hasta la cuna e inmediatamente intenta consolar al bebé para que vuelva a dormirse. Cuando esto no da resultado, lleva al bebé a su cama y allí lo tiene hasta que vuelve a dormirse.

La segunda madre aguarda unos minutos desde que comienza el llanto, luego espía la cuna para comprobar cómo se siente el bebé. Habla con suavidad y de modo tranquilizante, pero decide dejar al bebé en su sitio para que resuelva la situación por sí mismo.

La tercera madre escoge ignorar la explosión de llanto. Sabe que su bebé no tiene hambre ni está mojado, puesto que ella misma se ha encargado de esas necesidades una hora antes. No desea reforzar con atención ese tipo de llanto, de modo que decide esperar y ver qué pasa. Tras unos larguísimos cuarenta y cinco minutos, el llanto cede para convertirse en lloriqueos y finalmente deja paso al silencio.

Cada una de estas tres respuestas a las lágrimas es un estilo parental perfectamente legítimo que refleja las actitudes de la madre y al mismo tiempo los verdaderos comienzos de la relación que está constituyendo con su niño. Todas son buenas madres, en el sentido en que los expertos pudieran acordar que cualquiera de estas intervenciones podría ser la mejor en esa situación. Sin embargo, lo interesante es que cada una de estas madres se está comunicando con su bebé de una manera ligeramente diferente. Todas oyen la llamada del sufrimiento, pero cada una responde de acuerdo con su estilo interpersonal individual. Tal vez visitemos a esas mismas madres diez años después y reconozcamos perfectamente las mismas pautas de interacción que desarrollaron por primera vez junto a la cuna.

Si miramos a nuestro alrededor en cualquier parque de juegos infantiles o tienda de comestibles, veremos similares variaciones en la manera en que los padres responden al llanto de sus hijos. Por ejemplo, dos niños en edad de escuela elemental se turnan para saltar de una torre de trepar. Accidentalmente, uno cae encima del otro y ambos se lanzan a un dramático lamento. Una madre se abalanza inmediatamente para ofrecer consuelo, levanta a su niño y lo lleva al banco en el que ella había estado sentada. El niño continúa lloriqueando unos minutos, mientras es asistido y acunado por su padre, que le asegura que no pasa nada.

El otro niño lanza una mirada a su madre, quien observa con gran atención para comprobar si el niño se ha lastimado, lo que claramente no ha ocurrido. Le habla con voz clara: «Estás bien, cariño. Límpiate y vuelve a subir». Esta madre deseaba abalanzarse tan rápidamente como la otra, pero escogió comunicar un mensaje diferente a su hijo en respuesta a sus lágrimas: «Aquí estoy si realmente me necesitas, pero pienso que puedes resolver la situación por ti mismo».

*Llanto y temperamento*

Esta evolución de la comunicación por el llanto no sólo es resultado de la primitiva formación que los padres han dado al niño en la cuna y en el parque de juegos, sino también de diferencias fisiológicas básicas en el organismo. Hay personas que lloran más que otras porque sienten más intensamente las cosas. Su sistema nervioso está calibrado a mayor nivel de sensibilidad en ciertas dimensiones. Se excitan más fácilmente, tanto interiormente, en términos de su actividad cortical, sistema endocrino o cambios somatoviscerales, como exteriormente en las maneras de expresar reacciones.

Aunque algunas de estas diferencias son efectos del aprendizaje y de la socialización, así como del estilo cognitivo individual, la genética también desempeña un papel. Los bebés nacen con diferentes temperamentos: algunos son apacibles, mientras que otros se irritan y sufren con gran facilidad.

En un estudio longitudinal del llanto y las pautas emocionales, Nathan Fox y Susan Calkins, investigadores de la evolución, descubrieron que el niño que llora cuando se le retira un chupete a los dos días también llorará fácilmente cuando se lo mantenga quieto a los cinco meses. Sin embargo, lo interesante es que esta sensibilidad emocional les sea útil en la vida posterior. Cuando se los comparó con niños que no se agitaban fácilmente en su primera infancia, los que en ese período lloraban con facilidad fueron mucho más adaptables a medida que crecían. Fueron más sociables y se perturbaban menos ante situaciones imprevistas. También fueron más hábiles a la hora de pedir lo que necesitaban de otras maneras que con lágrimas.

Aunque la finalidad primaria del llanto es permitir a los bebés pedir ayuda cuando la necesitan, también ha evolucionado con el tiempo para desempeñar una cantidad de funciones útiles distintas. En su nivel más básico, el acto de llorar ayuda a conservar los sistemas fisiológicos de los infantes preparados para niveles máximos de actividad, de modo muy semejante a como a veces la afinación del motor de un coche contribuye al mantenimiento de una marcha suave.

## FUNCIONES BIOLÓGICAS DEL LLANTO

Todos fuimos preparados para ser perfectos llorones, lloriquear, lamentarnos, chillar y derramar lágrimas cada vez que nos agitábamos. En realidad, hay informes de obstetras que indican que a algunos se nos ha oído llorar ¡en el vientre materno!

El llanto del nacimiento, el momento más dramático de la vida humana, es debido a una gran cantidad de razones. Ante todo, es expresión de dolor y de conmoción tras el sometimiento a la tortura de tener que pasar por un túnel estrechísimo. Es una exclamación de indignación por verse expulsado de un sitio cálido, silencioso, oscuro y acuoso, a uno lleno de ruidos, frío y claro. Ya no se podrá seguir flotando tranquilamente, alimentarse a través del tubo en el vientre ni patear cada vez que preferimos cambiar de posición.

El llanto del nacimiento es, pues, una exclamación de hambre, conmoción e incomodidad, pero también, quizá, de cólera y miedo. Este primer llanto también se emplea como una preparación de la respiración y del funcionamiento del corazón en un nuevo medio. Calibra nuestros pulmones y los prepara para inspirar aire en lugar de agua. Por consiguiente, el llanto es incuestionablemente lo primero que hacemos en esta vida. Es provocado por la voluntad más básica de sobrevivir.

El llanto sigue siendo la forma principal de ejercicio del bebé. Es el estado más alto de la excitación, una suerte de articulación del sistema nervioso, un proceso de adaptación fisiológica. Produce calor, aumenta la capacidad pulmonar, quema el exceso de energía, incrementa la alerta mental y descarga tensión. Representa una comprobación y un reforzamiento de todo el equipo necesario para formar el lenguaje. Para llorar es menester coordinar la respiración, la entonación, la presión del aire, la fonética y el control muscular. Es preciso dominar las complicaciones del esófago, la laringe y el abdomen. Una vez entendido esto, es fácil advertir que el llanto forma parte del sistema corporal de autorregulación, que los bebés lloran aun cuando no deseen otra cosa que un poco de ejercicio.

Tanto como las propias lágrimas, su producción misma ayuda a inmunizar todo el sistema respiratorio, puesto que lubrican las membranas mucosas de la nariz y la garganta con secreciones antibacterianas que protegen de infecciones. Este proceso llevó a algunos de los primeros investigadores a concluir que ésta era efectivmente la finalidad más importante de las lágrimas: suavizar las membranas mucosas, que, de lo contrario, se secarían con la inhalación y la expulsión de los sollozos. A partir de entonces esta teoría ha sido refutada por otros autores sobre la base de que la mayor parte de los episodios de llanto (vocalización) no incluyen necesariamente el sollozo (respiración irregular). Además, hay otros momentos en que respiramos rápidamente, como durante el ejercicio vigoroso, y sin embargo en estas condiciones no necesitamos llorar.

Estas observaciones acerca de la base biológica del llanto han llevado a los científicos a estudiar la función del mismo en los primeros pasos de la existencia de una persona. No obstante, hasta hace muy poco, era relativamente poco lo que se sabía acerca de algunas de las diferencias bioquímicas entre los diversos tipos de lágrimas, que parecen servir a diferentes finalidades al mismo tiempo.

## Diferencias biológicas en las lágrimas

En un laboratorio modesto oculto en un oscuro rincón de un complejo médico de St. Paul, Minnesota, un bioquímico introdujo cebollas en una licuadora. Bill Frey estaba produciendo la mezcla perfecta de emanaciones diseñada para producir lágrimas a voluntad en sus intentos de diferenciar las excreciones fisiológicamente reactivas de las que surgen en momentos de tristeza o de excitación.

Hace más de una década, Frey dirigía la primera investigación memorable sobre la composición química de las lágrimas de emoción. Fue capaz de aislar prolactina, hormona que se encuentra en las glándulas mamarias, donde es responsable de la producción de leche, y que también está presente en las lágrimas de emoción. En asociación con el estrés en momentos de peligro o de excitación, la prolactina es liberada por la glándula pituitaria en momentos de intensidad emocional y se abre paso en las glándulas lacrimales. Por tanto, parecería que cierto llanto podría muy bien ser un medio decisivo mediante el cual el cuerpo se libera de sustancias como la prolactina, que en momentos de dificultad emocional puede volverse tóxica. Así como en su forma más elemental las lágrimas actúan como limpiadores físicos para mantener libre de obstrucciones la superficie del ojo, este otro tipo de lágrimas, las emocionales, pueden tener también la finalidad de limpiar el cuerpo de determinados residuos químicos que se forman durante el estrés.

Aun cuando las lágrimas tengan el mismo aspecto y aparentemente el mismo origen, en realidad son diferentes en su composición química y en su lugar de origen en el cerebro. Básicamente, hay tres tipos biológicos de lágrimas, cada uno de los cuales es una variedad con distinta función.

Las *lágrimas continuas* son parte de un mecanismo automático de limpieza del ojo que mantiene húmeda y limpia su superficie. Estas lágrimas son fluido glandular lubricante, a semejanza del aceite que mantiene la suavidad de funcionamiento del motor de tu coche. Operan de manera continua; cada vez que parpadeas, tus párpados arrastran una pequeña cantidad de fluido que se esparce por igual sobre la superficie. Estas lágrimas actúan ampliamente contra los futuros problemas e incluso tienen propiedades antibióticas para mantener a raya bacterias y virus.

Las *lágrimas irritantes* sólo entran en juego en los momentos en que los ojos están en peligro de sufrir un daño por acción de productos químicos, objetos o gases externos. Si el humo, alguna pestaña o el ácido sulfúrico desprendido de la cebolla entra en contacto con tus ojos, se activa un sistema líquido de limpieza que diluye el elemento irritante y finalmente lo elimina.

La *lágrimas de emoción* representan la expresión exclusivamente humana de sentimiento intenso. Bill Frey y otros no sólo descubrieron que esas lágrimas tienen mayores concentraciones de proteínas, sino que las glándulas lacrimales también pueden excretar productos químicos que se forman en el cuerpo durante el estrés. Aunque se sabe poco de cómo actúa este mecanismo, parecería que la presencia de prolactina en el sistema puede aumentar la fluidez de las lágrimas. En otras palabras, puede rebajar los umbrales a los que se inicia el llanto y puede actuar como mecanismo de control para mantener el flujo de lágrimas.

Para apoyar esta teoría, Frey cita la investigación en la que se administró una droga, la levodopa, a personas que lloraban de manera patológica, lo que quiere decir que derraman lágrimas que no responden a nada que ocurra en su presencia. Normalmente, las víctimas de heridas o golpes en la cabeza, así como de otras situaciones orgánicas, redujeron su llanto cuando se les administró esta droga, de la que se sabe que reduce las secreciones de prolactina en la glándula pituitaria. Mientras no haya evidencias definitivas que apoyen una teoría que sólo en estos días comienza a ser estudiada con mayor detenimiento, podemos decir con seguridad que las lágrimas de emoción tienen distintas propiedades químicas, lo que sugiere que su función biológica es muy diferente de la de las otras lágrimas ya mencionadas.

Las lágrimas de emoción también son controladas por una región diferente del cerebro. Si te cortaran los nervios craneanos que controlan las lágrimas continuas e irritantes, o si te anestesiaran el ojo entero, aún serías capaz de llorar lágrimas de emoción.

*Lágrimas y salud*

A semejanza de otros mecanismos del cuerpo humano que excretan productos de desecho a través de la orina, la materia fecal, el sudor y la expiración, las lágrimas emocionales constituyen una manera de eliminar materiales perjudiciales. El manganeso, por ejemplo, se encuentra en concentraciones veinte o treinta veces mayores en las lágrimas emocionales que en la sangre. Aun sin los filtros de los riñones, es como si las glándulas lacrimales eliminaran por lixiviación los excesos de productos químicos del sistema. Esto muy bien podría significar que la gente que llora más tiene mayor necesidad de excretar ciertas sustancias. Igualmente interesante es que también podría ocurrir que la gente que interrumpe voluntariamente el llanto interfiriera los medios naturales del cuerpo para eliminar desechos.

De la misma manera en que experimentarías una tremenda incomodidad si no fueras al servicio cuando tuvieras necesidad de hacerlo, la inhibición de la producción de lágrimas también podría ser perjudicial para un funcionamiento saludable. No es raro que molestias somáticas como desórdenes del sueño y dolores nerviosos se den en circunstancias de represión emocional crónica.

Expertos médicos y psicológicos han dicho durante años que contener las emociones no es físicamente bueno. Se ha asociado la inhibición de las lágrimas con la urticaria, las úlceras, el asma, la colitis, la presión sanguínea elevada, el cáncer y una multitud de enfermedades más. Para confirmar esta afirmación,

Margaret Crepeau estudió el llanto en adultos. Encontró que las personas que lloran más a menudo y tienen actitudes positivas respecto del llanto son emocional y físicamente más sanas que las que no lloran o desprecian esta conducta. Encontró similares beneficios en la risa. En ambos casos, desciende la presión sanguínea, aumenta el flujo de oxígeno al cerebro y hay una sensación subjetiva de liberación de tensión.

Aunque se trata de un modelo atractivo, hay investigaciones que no confirman del todo esta afirmación. En una revisión de esta literatura se ha encontrado que no necesariamente las personas que lloran mucho están en mayor contacto con sus sentimientos, ni son más inmunes a las enfermedades físicas. Si acaso, lo cierto es lo contrario: las personas que lloran con frecuencia son más susceptibles de padecer problemas físicos en la vida y más proclives a la depresión. En otro estudio, James Gross y otros dos psicólogos encontraron que las personas que lloraban espontáneamente terminaban sintiéndose peor que las que no lo hacían, al menos a corto plazo.

Por supuesto que una explicación de este fenómeno es que, sencillamente, cuando las personas no lloran es porque no se conmueven. «Éste es el problema −explica el bioquímico Bill Frey−. Las personas se excitan y se deprimen durante el llanto. Se conmueven porque se emocionan con lo que ven o viven. El llanto representa un compromiso con la vida.»

Para extraer algunas conclusiones de estos estudios, parece haber maneras claramente diferenciadas de llorar. En primer lugar, están las lágrimas que se asocian a la liberación de tensión; es cierto que después de llorar te sientes mucho mejor, incluso si en un primer momento te sientes más conmovido. Muy bien puede ser que el llanto fluido en respuesta a desencadenantes externos, como los conflictos interpersonales, las decepciones y las pérdidas, sea una conducta saludable equivalente a cualquier otro medio de aliviar tensión.

Otras clases de llanto pueden no ser precisamente envidiables, sobre todo las que parecen relacionarse con la subyacente depresión orgánica que requiere intervención química con drogas como el Prozac para estabilizar el humor.

Es importante no olvidar que, desde el punto de vista fisiológico, hay grandes diferencias en la manera en que cada uno de nosotros está hecho. La anatomía de nuestras glándulas lacrimales y el funcionamiento característico de nuestro sistema endocrino o neurológico son sólo algunos de los factores que determinan la frecuencia y la intensidad del llanto. Cada uno de nosotros tiene un umbral biológico diferente para las lágrimas.

Para ilustrar este punto: un sistema de extinción automática de incendios puede estar preparado para dispararse ante una combustión importante o ante la más insignificante presencia de humo. Análogamente, cada uno de nosotros vino al mundo con un sistema emocional programado para dispararse según nuestra respectiva tolerancia al humo y a la combustión. A través del aprendizaje, la adaptación, la experiencia, la socialización y el esfuerzo determinado, cada uno de nosotros ha modificado la preparación del sistema de extinción de incendios de nuestros ojos. En algunos casos, esta nueva calibración no funciona de la manera más beneficiosa para nosotros. En los momentos en que anhelamos tranquilidad, las falsas alarmas se disparan y provocan el llanto cuando sólo se trata de una ilusión de incendio. Para otros, el calor podría ser tal que llegara a evaporarlo todo en cuestión de minutos, pero no disponen de una gota de humedad para extinguir las llamas.

Sólo tú puedes juzgar si lloras demasiado o demasiado poco (por supuesto, quizá desees consultar con otras personas que te conocen mejor). Para la mayoría de la gente y en la mayoría de las circunstancias, contener las lágrimas se opone a la más natural de las inclinaciones. Aunque todos nacemos sabiendo llorar, con el tiempo algunos pierden la capacidad para derramar lágrimas. Uno de los precios más frecuentes que hay que pagar por esta constipación emocional es la disminución del afecto a los demás y de la intimidad en las relaciones.

## LÁGRIMAS PARA LA COMUNICACIÓN Y LA SUPERVIVENCIA

De todas las formas de comunicación, las que más fácilmente se expresan y descodifican de manera no verbal son las respuestas emocionales. En menos de un segundo puedes echar una mirada al rostro de una persona y saber intuitivamente qué expresa. Las cejas contraídas, los labios apretados, las arrugas en la frente, el mentón apoyado en la mano, y piensas: «está confusa». En efecto, esa persona parece desconcertada por algo. Las mejillas ruborizadas, los músculos tensos en la nuca y las mejillas, la mirada ardiente, intensa, y la persona parece enfadada contigo. Una postura hundida, los labios hacia abajo, la humedad que rebasa los ojos, y reconoces de inmediato la tristeza. Lo mismo ocurre con una docena de reacciones emocionales diferentes, cada una de las cuales es reconocible por su señas visuales, cada una de las cuales evoluciona con el tiempo para aumentar la comunicación y las capacidades de supervivencia de nuestra especie.

La naturaleza nos ha provisto graciosamente de señales para ayudarnos a interpretar las respuestas emocionales. Por ejemplo, las cejas levantadas que acompañan a la sorpresa o el interés también representan una expansión de los ojos en los primates. Esta adaptación fisiológica incrementa la agudeza visual, lo que permite percibir mejor el peligro. Sin embargo, las cejas arqueadas son también una señal para los otros. En realidad, la verdadera finalidad del pelo sobre los ojos es destacar esta zona, de manera que sea más fácil comunicar interés de unos a otros. Más que ningún otro animal, los seres humanos se miran intensamente a la cara unos a otros durante la comunicación, primariamente para observar la comunicación no verbal que acentúa las palabras.

Muy pronto en la vida dominamos la habilidad para expresar y leer la emoción. A los dos años, un niño ya sabe cómo poner una cara feliz o triste, y sólo un año después puede contar qué siente. También es común que en respuesta a la mamaíta o al papaíto que llora –o que simula llorar– un niño de tres años sepa ofrecer consuelo. Aunque hay cierta discusión sobre si esto es el resultado de la empatía natural o una conducta adquirida, no cabe duda de que los seres humanos desarrollan a muy tierna edad la capacidad de expresión y sensibilidad emocionales.

### Las lágrimas como bandera blanca

En todo el reino animal se han desarrollado maneras en que un individuo puede hacer saber a los otros: «¡Ya tengo bastante!». La exhibición de rendición forma parte del combate ritualizado entre casi todas las especies. Entre los pollos, los mandriles o los bisontes, el orden social se establece a través de una jerarquía de poder que resulta de pruebas de dominación. Puesto que la única finalidad es determinar quién está mejor cualificado para dirigir, no tendría sentido que los miembros de los rebaños o las manadas se mataran unos a otros en los desafíos. Aun cuando con ello se eliminaran los miembros más débiles, sería a costa de heridas mortales de los más fuertes. En cambio, hay una manera de admitir la derrota y parar la pelea antes de que las cosas se vayan de las manos.

Cuando un chimpancé advierte que lleva las de perder en una pelea, presenta los cuartos traseros como acto de sumisión. En otras especies, la bandera blanca de rendición se despliega a través de la retirada, la pasividad o la evidencia de subordinación. Piénsese ahora en la similitud de papel que desempeñan las lágrimas en nuestra especie cuando se hace retroceder a alguien que se muestra manifiestamente agresivo.

Al describir un incidente representativo de este fenómeno, un hombre sigue todavía asombrado, varios meses después, del poder que tienen las lágrimas para cambiar abruptamente la modalidad de una interacción. Describe las circunstancias tal como se desarrollaron:

> Vi que el médico se abalanzó sobre una administradora del hospital y la mortificó realmente. La zahería sin piedad. Los demás que estábamos allí observando el espectáculo vimos claramente que la mujer se alteraba cada vez más. El médico, sin embargo, no le prestaba ninguna atención. Seguía, dale que te pego, con su perorata.
>
> Repentinamente, una lágrima asomó al ojo de la mujer, sólo una lágrima, y rodó por la mejilla. El hombre se detuvo en seco. Este tipo, con todo lo gran cirujano que era, acostumbrado a actuar de esa manera y a estallar de cólera, se detuvo en seco. Aquella pequeña mancha de humedad le comunicó con toda claridad lo que de otra manera no había visto.
>
> Comenzó a recular a toda velocidad y a disculparse como un loco. Aquella única lágrima había tenido para él un significado que ninguna otra cosa había tenido.

Las lágrimas pueden comunicar con fuerza incontenible lo que las palabras no pueden decir.

*Atraer a la gente*

A lo largo de siglos de evolución nos hemos vuelto más eficientes, más concentrados, en la manera de comunicar los sentimientos. Los animales se leen recíprocamente tomando nota de la posición, los gestos, la expresión, las vocalizaciones y la conducta. Un rebaño de kobs se mantendrá quieto cerca de un león echado, para poder leer las señales sutiles de que, de momento, ellos no figuran en el menú.

Los errores en la lectura de tales indicadores de estados internos pueden costar muy caro, no sólo para un kob que malinterpreta el apetito de un león. Imagínate que te aproximas a una persona sentada en actitud melancólica, el mentón apoyado en la palma de la mano, los hombros caídos en aparente concentración. Agrega una simple lágrima a la mejilla y tendrás una situación completamente distinta, que requiere otra forma de aproximación.

Las funciones de todas las manifestaciones emocionales como el llanto están incorporadas en contextos sociales. Evolucionan primariamente como sistema de lenguaje paralelo que, en su gramática y su sintaxis, es considerablemente más sofisticado que cualquier lengua hablada. Informan a los demás de lo que estás experimentando por dentro y que no podrían saber por otras vías.

Pero los bebés no son los únicos que necesitan estrategias para «seducir» a la gente y conseguir su ayuda. Ciertos tipos de llanto de los adultos también sirven para establecer contacto y atraer a la gente, afectando la cuerda sensible y apelando a su empatía y compasión. Este tipo de llanto invita a la gente a acercarse a uno de manera que no le es habitual.

Imagina, por ejemplo, que vas caminando por la calle y ves a alguien sentado en un banco, con aspecto desolado, la mirada perdida en el espacio. Aunque perturbado por la escena, probablemente continúes tu camino. Ahora imagina una escena similar, pero esta vez la persona se abraza y se acuna a sí misma, los sollozos le sacuden todo el cuerpo y las lágrimas corren por su rostro. En este segundo caso, es mucho más probable que te detengas y ofrezcas asistencia que en el otro caso. Esta segunda mujer te está atrayendo para que la ayudes, y lo hace de una manera mucho más efectiva que con meras expresiones de abatimiento.

## Romper el contacto

Es sin duda asombroso lo bien que sirve el llanto para acercar la gente a uno; pero igualmente impresionante es su efectividad como estrategia para que nos dejen solos durante esos momentos en que deseamos encerrarnos en nosotros mismos. Esta necesidad se da cuando uno desea protegerse y dejar que la cura se produzca lejos de la inspección ajena. Después de todo, las lágrimas tienden a fluir cuando uno se siente conmovido, fuera de control, y no cuando se siente muy bien.

También hay una gran cantidad de conductas similares, que nos colocan en posición de vulnerabilidad, que se han asociado con la necesidad de privacidad. En casi todas las culturas, por ejemplo, las funciones excretorias están protegidas de la mirada ajena, no sólo por razones de higiene, sino porque el individuo queda temporalmente inmovilizado. Incluso el educado ritual de cubrir con las manos un estornudo o un bostezo se ha desarrollado por otras razones que la mera prevención de evitar una salpicadura involuntaria. En esos momentos estás con los ojos cerrados, y por un segundo eres vulnerable. La mano actúa como escudo momentáneo, como para decir: «Déjalo todo en suspenso» y luego: «Muy bien, ya estoy otra vez contigo».

De todas esas conductas, el llanto es el momento en que tu vulnerabilidad es absolutamente mayor. A veces se siente como si te hubieran atravesado el corazón con una estaca. En consecuencia, tendría sentido que quisieras cierta privacidad para rehacer la compostura. También sería lógico suponer que las lágrimas cumplen la valiosa función de enviar un claro mensaje a los que te rodean: «¡Ahora alejaos de mí!».

Las lágrimas, por tanto, han evolucionado como un regulador de distancia que mantiene el espacio adecuado. Es un sistema temprano de advertencia, como el cascabel de una serpiente que trata de protegerse. Proporciona información rápida, económica y condensada a ti mismo y a los otros acerca de tus reacciones ante lo que ocurre. Te deja cierto tiempo para procesar lo que ocurre dentro de ti antes de intentar el trato con los demás.

## La evolución de la comprensión

Podemos hablar de evolución en el sentido de desarrollo genético, o bien podemos aplicar este término al proceso por el cual la gente trata de hacerse entender. El lenguaje de las lágrimas es sólo uno de los diversos dialectos que empleamos cuando tratamos de comunicar mensajes en el nivel emocional. Uno de los impulsos mayores que sentimos en la vida contemporánea es precisamente la motivación de conectar con los demás.

La historia, la biología y el desarrollo del llanto como la forma más elevada de evolución humana confluyen en esta función primaria de promover un nivel más profundo de comprensión entre las personas. No hay otra conducta que facilite con más rapidez la intimidad, ni otra forma de comunicación capaz de expresar con tanta rapidez la esencia de la experiencia humana.

Al revisar las diversas funciones del llanto en nuestra vida, como seres biológicos y como seres sociales y emocionales, queda claro que, con independencia de su finalidad originaria en tanto simple limpiador de ojos, se ha convertido en uno de los rasgos más distintivos de lo que significa ser humano. Cuando, en los capítulos que vienen a continuación, descifremos los diversos significados de las lágrimas, tendremos que mirar más allá de esta conducta como simple acto desconectado de las emociones en cuyo nombre habla. Es necesario reconocer nuestros sentimientos y responder a ellos. Y eso requiere no sólo oír el lenguaje de las lágrimas, sino también todas las partes emocionales de nosotros que claman por ser comprendidas.

# 4

# La comprensión del significado de las lágrimas

La naturaleza destinó el llanto a que nos prestara una cantidad de servicios, tanto en lo relativo a los sistemas fisiológicos como a las relaciones interpersonales. Sin embargo, para nosotros esta conducta también tiene muchos otros significados: como conocimiento consciente de nuestras emociones, como desvelamiento de una significación simbólica inconsciente en el diálogo con los otros o como expresión única de nuestras percepciones de lo que ocurre en torno a nosotros.

Aunque en determinadas circunstancias el significado de las lágrimas es universal −como la reacción de dolor en todas las culturas−, también hay maneras especiales en que cada uno de nosotros se comunica con este medio. A veces hablamos a otros en código y dejamos que las lágrimas digan lo que somos incapaces de expresar en palabras. Otras veces, nos hablamos sobre todo a nosotros mismos mediante un extraño mecanismo interno en el que nuestros cuerpos secretan agua por los ojos para llamar nuestra propia atención. En todos los casos y circunstancias, para cada persona las lágrimas tienen un significado especial que debe ser descodificado para descubrir el sentido de esta forma tan impresionante de expresión emocional.

Uno de los aspectos más notables de este tema es la variedad de cosas que se puede decir con el llanto, no sólo en distintas culturas, localizaciones geográficas y géneros, sino incluso en un mismo individuo con abundante lenguaje de lágrimas. Una mujer de estas características, auténtica virtuosa en esta clase de comunicación, ilustra algunos de los significados evidentes en su lenguaje de lágrimas. Este caso demuestra también los increíbles beneficios que pueden derivarse de una mayor eficiencia en la búsqueda de significado a nuestras propias lágrimas, así como a las de aquellos de quienes más cerca estamos.

Aún oigo los sollozos de esta mujer que nunca hablaba si no era en el lenguaje de las lágrimas. Un llanto profundo. Sollozos que le sacudían silenciosamente todo el cuerpo. Plañidos desesperados que parecían tener vida propia.

La veo tan vivamente como si la tuviera ante mí en este preciso momento. No es una alucinación, sino meramente el legado del poder del cual pueden ser portadoras las lágrimas. Las veo manar bajo la cascada de pelo que le oculta la cara, cada una de ellas toda una afirmación de desesperación y de impotencia. Conozco esto porque su aspecto corresponde a mi manera de sentir. He probado todo lo que tenía a mi alcance para sacarla de ese océano de lágrimas. Pero ella se ahoga, se hunde y me arrastra con ella.

Ha llorado todo el tiempo que estuvimos juntos, a veces durante una hora entera, otras veces intermitentemente, al modo de chaparrones. Llora de tantas maneras diferentes que he aprendido a reconocer el vocabulario, la gramática y la sintaxis de su lenguaje. Soy capaz de juzgar, por la cantidad y la calidad de su llanto, si está sólo un poco triste o al borde del suicidio. Puedo reconocer la diferencia entre las lágrimas desganadas que se exhiben simplemente para informarme de que se siente cansada del tema de conversación, o las lágrimas apasionadas que enuncian un juicio dramático acerca de la profundidad de su sentimiento. La he visto, oído y sentido derramar lágrimas de pérdida, de dolor, de decepción, de abatimiento, de frustración, de cólera e incluso de alivio y alegría. Me ha enseñado los significados especiales que el llanto tiene para ella, aun cuando fuera incapaz de expresar sus sentimientos en palabras.

Todavía más importante para ella era que, al comprender sus propias lágrimas, era finalmente capaz de entenderse con los tóxicos sentimientos que insistían en manar de sus ojos. Aquella mujer era capaz de encontrar significado a su llanto, de descodificar el lenguaje que hablaba su cuerpo. Comprendió cómo las lágrimas trataban de llamarle la atención, de obligarla a realizar ciertos cambios en su vida. Para su propio asombro, el grifo de desesperación se detuvo cuando comenzó a adoptar una acción necesaria. Dejó de sentirse tan impotente y desamparada.

## DIFERENCIAS DE FLUIDEZ

Esta mujer es poco común, tanto por la frecuencia como por la intensidad y la extensión de su llanto, y también por su motivación y su capacidad para desvelar los diversos significados de sus lágrimas. Antes de esperar encontrar el sentido de cualquier conducta es necesario un contexto mayor en el que comprender su significado. Esto no sólo incluye el género de la persona, la cultura, la familia y el trasfondo, sino también cierta información acerca de lo que se considera normativo para esa persona. Cada uno de nosotros siente un nivel diferente de comodidad con sus lágrimas, una voluntad distinta de llorar en ciertas circunstancias, pero nunca en otras. Para la persona que llora varias veces por semana a la menor provocación, esta conducta tiene distinto significado que para alguien que muy difícilmente vierte lágrimas.

En sus estudios de este fenómeno, las psicólogas Jeanne Plas y Kathleen Hoover-Dempsey clasificaron las reacciones características que tiene la gente respecto de sus lágrimas. Por ejemplo, observaron la diferencia entre quienes parecen perfectamente cómodos en presencia de sus lágrimas y las de los demás, y quienes no toleran de ninguna manera esta conducta. Aunque estos investigadores se interesaron sobre todo por el llanto en el lugar de trabajo, los mismos temas predominan en cualquier escenario. Básicamente, a la mayoría de nosotros le corresponde uno de diversos grados de fluidez del llanto.

## El *pozo vacío*

Hay personas que no experimentan nada con la fuerza suficiente como para provocar el llanto. Son calmas y no revelan apenas señales de afecto. No sólo dan pocas muestras exteriores de emoción, sino que, a la hora de afrontar las diversas experiencias de la vida, sus niveles de excitación interior se mantienen muy bajos. Por ejemplo, cuando James Gross y dos colegas mostraron la película *Magnolias de acero* a un grupo de ciento cincuenta mujeres, descubrieron que mientras que el veinte por ciento de ellas lloraba espontáneamente, había en el grupo otras muy poco conmovidas por lo que veían, al menos en términos de actividad somática, respiratoria y cardíaca.

El llanto es ajeno a las personas de este grupo, porque nunca se emocionan lo suficiente (y quizá nunca se permiten ese nivel de emoción) como para que se activen respuestas de llanto. Su actividad hipotalámica y visceral flotan a niveles muy bajos, incluso en períodos de crisis. El sistema muscular y el endocrino que entran en acción durante la excreción de lágrimas no reciben nunca las señales necesarias para ello; con el tiempo, su funcionamiento comienza a atrofiarse.

Aunque este grupo está compuesto principalmente por varones, hay excepciones. Una mujer que entrevisté está muy en contacto con sus estados afectivos interiores, pero dice que las lágrimas son algo muy raro en su vida:

> Me *gustaría* llorar como otras. Pero nunca llego a ese punto. Pienso que soy una persona completamente feliz por amar y dedicarme a mi marido, mis hijos y mis nietos, pero nunca llego al extremo de llorar. Me he preguntado si hay algo que falla en mí o si me falta algo por dentro, pero he terminado por pensar que simplemente soy así.

Mucho más común es que quienes son incapaces de acceder a estados emocionales interiores tengan una sensación de vacío. Es como si faltara alguna conexión en su cerebro o su sistema límbico, de modo que no son capaces de experimentar ninguna clase de sentimientos fuertes. Esto puede deberse a algún trauma psicológico que sufrieron en la infancia y del cual se protegen ahora eliminando de su vida todo lo que sea intenso. Podría también asemejarse a una forma de autismo en los niños, o de perturbación esquizoide en los adultos, en la que se encuentra una extremada sensación de estar en blanco, de vacío interior.

## Los que niegan

Este grupo comprende a quienes no tienen capacidad para llorar... si se permitieran que ello ocurriera. En las pocas ocasiones en que las lágrimas brotan inadvertidamente, no se reconocen tal cosa a sí mismos: «*No* estoy emocionado. Sólo tengo algo en el ojo».

Estos individuos experimentan sentimientos intensos que son capaces de ignorar o de negar en un nivel cognitivo, en general sin saberlo conscientemente. Como ejemplo mencionaré un muchacho de dieciséis años que en sus años más juveniles había llorado con gran facilidad y espontaneidad y que en ese momento pertenecía a un grupo de padres para quienes ese comportamiento era completamente inaceptable. Después que su pareja le dijo que no quería seguir con él, pudo verse cómo el joven hacía todo lo posible para contenerse. En ese momento, si se le hubiera preguntado qué sentía, habría respuesto, alzando los hombros, que no sentía prácticamente nada de nada: «¡Y bien! No es tan grave. Estaba dispuesto a ponerle yo mismo fin a esto». Sin embargo, lo traicionan el temblor en el labio y la humedad que se acumula bajo los párpados inferiores, evidencias que elimina rápidamente mientras trata de ocuparse de sus asuntos.

Naturalmente, mantener relaciones con este tipo de individuos puede llegar a ser muy difícil, pues no tienen voluntad o capacidad para expresar lo que sienten. No entienden nada del lenguaje de las lágrimas. Un diálogo con uno de ellos es más o menos así:

Psicoterapeuta: ¿Qué ha provocado esas lágrimas ahora?
Paciente: *[Alza los hombros.]*
Psicoterapeuta: Bueno, observé que le sucedía algo que parecía muy poderoso.
Paciente: Ya.
Psicoterapeuta: ¿Qué pudo haber sido?
Paciente: No lo sé, realmente.
Psicoterapeuta: ¿No lo sabe o no quiere decirlo?
Paciente: ¿Qué diferencia hay?
Psicoterapeuta: Usted mismo.
Paciente: *[Alza los hombros.]*

Psicoterapeuta: ¿Qué supone usted que sus lágrimas me decían a mí y le decían a usted?

Paciente: Supongo que tiendo a compartimentar demasiado las cosas, que los problemas de mi familia de origen tienen que ver con esto.

Psicoterapeuta: Esto es lo que dice su cabeza. ¿Qué pasa con su corazón?

Paciente: [Alza los hombros].

La vergüenza es un factor poderoso en estos individuos. Hay en su definición de sí mismos, a menudo en relación con su edad, género o cultura particulares, algo que vuelve inaceptable el llanto. Les gustaría llorar, pero no es una opción que se puedan permitir, salvo en las circunstancias más extremas.

*Inmersión*

Todos conocemos personas como ésta y podemos verlas por doquier. Son aquellas a quienes les tiemblan los labios, se les estremecen las mejillas, se les quiebra la respiración y se les humedecen los ojos, pero no se permiten derramar una sola lágrima. A diferencia de quienes están vacíos, estas personas tienen efectivamente sentimientos poderosos. Y a diferencia de las negadoras, son conscientes de sus emociones aun cuando no les permitan salir a la superficie.

En el primer grupo, el llanto no tiene sentido debido al control sobre la activación emocional, que tiene lugar en el nivel fisiológico. El segundo grupo aprendió, a través del condicionamiento cultural, a ejercer el control por medio de la negación. Este tercer grupo escoge efectivamente no llorar. Tienen para hacerlo todo lo necesario y en perfecto funcionamiento, pero son capaces de persuadirse de ahogar la respuesta.

Muchas veces, las personas de este grupo ven el llanto como un desorden. ¿Para qué agitar las cosas? ¿De qué sirve dar un espectáculo? Tienen, según se mire, la dicha o la desgracia de poder mantenerse bajo control. En verdad, mantener las lágrimas bajo control requiere un tremendo compromiso y una gran autodisciplina. Como admite una persona: «Yo podría llorar, pero prefiero no hacerlo».

Si pudieras meterte en su cabeza durante los momentos críticos, en que se sienten especialmente conmovidos, oirías algo así como: «No lo hagas. ¡Venga, dómate! Parecerás un idiota. Te reventarán los ojos. No te reportará ningún beneficio. Respira profundamente. Otra vez. ¡Vamos! No te dejes arrebatar lo mejor de ti. El sentimiento pasará».

## Momentos privados

Incluso entre las personas que lloran regularmente hay diversas preferencias sobre si llorar en privado o en público. Para algunas, llorar es una experiencia profundamente personal, algo que sólo se hace en soledad. Para este tipo de personas, las lágrimas tienen poco que ver con la comunicación de un mensaje a nadie. Más bien son algo que uno hace para sí mismo, consigo mismo, por sí mismo. Para estas personas, el llorar es como cualquier otro hábito personal, como tocarse los genitales, meterse el dedo en la nariz, acicalarse o chillar en una habitación insonorizada, esto es, un secreto que no se comparte con nadie.

Por ejemplo, dos personas lloran en un funeral, una junto a la otra. Una siente una gran necesidad de alivio, incluso un cierto orgullo, de expresarse clara y honestamente. No intenta contener sus sollozos. Ni siquiera se molesta en enjugar las lágrimas, pues son los símbolos del dolor de su pérdida. La otra persona, sin embargo, se siente terriblemente incomodada, por lo que percibe como una pérdida de control de su parte. Mira junto a él al individuo que llora a lágrima viva, fuera de sí, incoherentemente, y luego se siente más avergonzada aún de sí misma. Hace todo lo que puede para contenerse. Cada lágrima que cae parece un reproche a su autocontrol. Se siente miserable no sólo por su pérdida, sino también por su indecorosa conducta, que debió de haber reprimido hasta encontrarse sola.

Es difícil encontrarse personas que lloren en privado y que sientan además deseos de hablar de sus experiencias, pues para ellas tal cosa es una violación de la privacidad exactamente como lo es hablar públicamente de la masturbación. «Es un lugar tan secreto la tierra de las lágrimas», observaba Antoine de Saint Exupery en *El principito*. Hay personas que informan de que cuando se sienten frustradas, furiosas, tristes o abrumadas y no es conveniente ni decoroso llorar abiertamente, se apresuran a ir a un sitio privado a verter las lágrimas. Así como casi siempre podemos contenernos en momentos de gran necesidad hasta llegar a un servicio, así también hay gente que controla su flujo de lágrimas hasta estar a salvo. Una mujer describe así esta lucha:

Prefiero con mucho llorar sola que en público. Hay gente que tiene esa manera intrascendente de llorar en que las lágrimas le brotan de los ojos, pero continúan perfectamente. En mi caso, es como una sinfonía que interpretara todo el cuerpo, apenas puedo hablar y tengo un aspecto fatal. Cuando esto ocurre tengo que estar sola. De lo contrario, asustaría a los demás.

En verdad, hay muchas personas que encuentran un significado positivo en sus lágrimas sólo cuando lloran a solas. Llorar se convierte para ellas en una conversación privada, en una conversación que pierde sentido en presencia de extraños. De la misma manera, hay muy pocas personas que lloran cuando están solas, no a modo de ejercicio de autoliberación o de autoconciencia, sino presas de la más extrema desesperación, al estilo de la mujer cuya historia abrió el presente capítulo. Sin embargo, a diferencia de esta mujer, ocultan la magnitud de su sufrimiento y adoptan una expresión placentera ante el mundo exterior. Se sienten desesperadamente heridas por dentro, sufren inmensamente, pero no confían a nadie su dolor. Éste se convierte en su secreto más hondo y oscuro, cuya máscara caerá apenas se encuentren nuevamente a solas, tras puertas cerradas, y se desharán en un torrente de lágrimas.

## Aceptación

Aquí nos encontramos con el grupo de los sujetos de llanto deshinibido que se expresan fluidamente en el lenguaje de las lágrimas. Están siempre dispuestos a expresar cómo se sienten a través de las diferentes formas que se ha descrito en los capítulos anteriores. Algunos de estos individuos han reflexionado lo suficiente sobre su llanto como para clasificar las formas de maneras que tal vez no acuden de inmediato a la cabeza.

Las personas que están en contacto con sus lágrimas sintonizan mejor con sus pensamientos y sentimientos interiores. De acuerdo con Jeremy Safran y Leslie Greenberg, que han desarrollado todo un sistema de terapia que procura ayudar a la gente a procesar sus experiencias emocionales, esta conciencia es esencial para la buena comunicación y las relaciones firmes con los demás.

Después de todo, la sintonía afectiva (como la llaman algunos investigadores) es la base de la empatía y la intimidad entre las personas. La medida de tu sensibilidad a los sentimientos de otra persona, así como tus reacciones internas a esos sentimientos, se relaciona con la calidad de vuestra comprensión recíproca.

En verdad, ¿no es asombroso que alguien en tu vida pueda leer instantáneamente lo que sientes por la presencia de una simple lágrima, casi antes de que tú mismo te des cuenta?

Ya sea entre marido y mujer, entre padres e hijos, entre psicoterapeuta y paciente o entre dos personas cualesquiera que intentan comunicarse, la resonancia empática es resultado de la capacidad para percibir, leer y sentir todas las sutilezas y contornos de la experiencia emocional. Tal vez las lágrimas, por encima de todo, estén abiertas a tantas interpretaciones posibles, que descifrar su significado termine siendo un reto muy especial.

## ENCONTRAR SENTIDO A LAS LÁGRIMAS

La diferencia en la espontaneidad no es la única variable que ha de considerarse para encontrar sentido a las lágrimas. En los capítulos anteriores hemos prestado atención al vocabulario de las lágrimas como si representaran estados estancos del ser susceptibles de reconocimiento inmediato, si no en uno mismo, al menos en otras personas. Para comprender el significado de esta conducta, tiene sentido que antes tengas que identificar rigurosamente de qué emoción se habla. Como es obvio, las lágrimas son vehículo de diferentes mensajes que dependen de si son representaciones de agonía o de éxtasis.

El problema de etiquetar el sentimiento que es objeto de expresión en ese momento y de descodificar luego el lenguaje de las lágrimas que lo acompañan reside en que también hay que tener en cuenta otra cantidad de factores, lo que hace que las cosas sean más complejas de lo que parecen a primera vista. En consecuencia, querrás considerar lo siguiente: cómo los sentimientos particulares en cuyo nombre hablan las lágrimas se entremezclan con reacciones; cómo cualquier cosa por la que llores en un momento puede fácilmente cambiar un instante más tarde en algo muy diferente; durante cuánto tiempo no sabes exactamente en realidad qué sientes; y cómo el significado de las lágrimas deriva de tu percepción de lo que ocurre, circunstancia que se ve tan afectada por distorsiones inconscientes como por juicios deliberados.

*Emociones mixtas*

Las reacciones emocionales suelen ser de naturaleza combinada antes que cosas separadas. Aunque el uso del lenguaje verbal implica que los sentimientos se presentan cada uno con su sabor, esto no refleja con precisión la realidad. Alguien pregunta cómo te sientes, o por qué lloras, y a menudo respondes con una respuesta simple: triste, loco o contento. Puesto que esto parece satisfacer a la otra persona, raramente mirarás debajo de estas simples etiquetas para explorar la combinación compleja de sensaciones, percepciones, pensamientos y sentimientos que se arremolinan dentro de ti.

Un amigo rompe una relación contigo tras una cantidad de años. Mira profundamente a tu interior y observarás que te sientes triste, aliviado, avergonzado, frustrado, incomprendido, rabioso, arrepentido y confuso, todo a la vez. Cuando comienzas a reflexionar acerca de qué significa para ti el final de esta relación, las lágrimas comienzan a caer por tus mejillas. ¿De qué sentimiento hablan las lágrimas?

Una oportunidad que esperabas se presenta en forma inesperada. Lloras con decepción por la oportunidad perdida, pero también sientes total liberación de la tensión ante la perspectiva de mayor libertad ahora que ya no te obliga ese compromiso.

La norma es que te sientas ambivalente acerca de casi todo lo que te ocurre. Es típico que tus lágrimas representen al mismo tiempo media docena de partes diferentes de ti mismo.

*No lo sé*

Por razones que ya debieran ser evidentes, gran parte del tiempo la gente no sabe en realidad qué siente. Si se tiene en cuenta la naturaleza mixta e inestable de la experiencia afectiva, no hay en ello nada asombroso.

A menudo formulamos respuestas simplistas cuando no tenemos realmente idea de qué es lo que ocurre en nuestro interior. Puesto que es totalmente inaceptable responder «No lo sé» a quien pregunta por qué lloramos, en lugar de eso solemos decirle (y decirnos) algo que parezca razonable.

Tengo un hijo de dieciocho años que se está instalando por su cuenta. Me alegra que haga lo que quiera, pero también hay cosas que me preocupan de él y de su mudanza, y sobre ellas le llamo la atención. Durante esta interacción he llorado casi permanentemente. Las lágrimas le transmitían cuánto lo quería: «Deseo que te vaya bien. Aquí estoy para ayudarte si me necesitas».

Sin embargo, las lágrimas también decían mucho más: cuánto lo echaría de menos. Temo la incertidumbre que nos espera a ambos. Yo lloraba por él, pero sobre todo por mí. Tengo miedo a lo que el futuro pueda deparar.

A estas alturas, la mujer se interrumpió, incapaz de expresar todo lo que sentía en el momento de llorar. No se trataba tanto de que no supiera qué sentía como de que se daba cuenta de demasiadas cosas. Además, esto no es raro en absoluto. Casi siempre es difícil enunciar lo que se siente exactamente cuando las lágrimas recorren tu rostro sin cesar.

Precisamente en esos momentos, los procesos de razonamiento analítico tienden a no funcionar en los niveles máximos. El momento de llorar es un momento para sentir, no para pensar ni para encontrar sentido a lo que ocurre.

### ¿Qué es real?

Lo que ves no es necesariamente lo que realmente sucede. Ya hemos hablado de cómo se puede usar el llanto de manera manipuladora para engañar a otros en provecho personal. La gente trabaja duramente para disfrazar, o incluso ocultar, sus verdaderos sentimientos. ¿Por qué dar a alguien la ventaja de conocer tus verdaderas intenciones o reacciones cuando despistarlos puede proporcionarte cierta ventaja?

Un factor que contribuye a que con frecuencia no podamos identificar con precisión las señales emocionales es que a menudo lo que mostramos en el rostro no es lo que realmente sentimos. En un estudio realizado por los psicólogos Carol Barr y Robert Kleck, dos tercios de las personas a las que se pidió que evaluaran su grado de expresividad mientras veían fragmentos de películas cómicas, quedaron sorprendidas al descubrir la inexpresividad de sus rostros en la sesión de vídeo.

Por tanto, se puede distinguir entre el llanto real y el pseudollanto. Las lágrimas del primero son espontáneas, auténticas, sentidas, mientras que las del otro tipo de llanto pueden usarse con fines de manipulación. Un hombre con el que hablé sentía particular resentimiento a este respecto por su gran desconfianza de la validez del llanto:

> Con mis dos hijos, que tienen cuatro y siete años, a veces, si se caen o algo así, empiezan a llorar porque piensan que es lo que se supone que tienen que hacer. No están en realidad lastimados ni nada; sólo quieren un poco de atención. Cuando hacen eso, o cuando mi mujer llora, desconfío de inmediato. Si quieres algo de mí, pídelo simplemente; no llores.

Se puede ver con toda claridad que el significado particular que tiene el llanto para cada persona depende mucho del contexto más amplio de la experiencia previa de esa persona en una cantidad de frentes. Las personas que sospechan de las lágrimas ajenas, que no confían en ellas como expresiones auténticas del sentimiento, o bien han quedado escarmentadas por haber sufrido el engaño en el pasado, o bien son ellas mismas extremadamente hábiles en el pseudollanto para conseguir lo que quieren.

### Bueno, malo y horrible

El significado de un acontecimiento no sólo se relaciona con lo que es, sino también con los juicios acerca de si se trata de algo bueno o malo. Esto complica más las cosas, pues decir si las lágrimas son útiles o perjudiciales en un momento particular determina si han de ser estimuladas o detenidas.

La gente clasifica de manera rutinaria sus propias lágrimas. Cuando clasificas sobre la base de la variedad de tu experiencia personal, encontrarás que has desarrollado tu propio sistema para etiquetar tus diferentes maneras de llorar. Puedes tener una categoría de lágrimas buenas y de lágrimas malas, las primeras de las cuales culminan en una liberación de tensión, mientras que las últimas te llevan a sentirte peor. Otro grupo podría distinguir entre lágrimas sentimentales y las que implican el llanto profundo. En el primer caso, derramas unas cuantas lágrimas en recuerdo del pasado, mientras que en el segundo ejemplo estás destrozado por una experiencia abrumadora en el presente. También puedes distinguir entre lágrimas de dolor y lágrimas de alegría, de depresión y de tristeza, de rabia y de frustración, entre el llanto ceremonial y las reacciones espontáneas. De todos estos diferentes criterios de clasificación, el que más usamos es el de si las lágrimas son útiles o perjudiciales.

## LA COMPRENSIÓN DEL SIGNIFICADO DEL LLANTO

El cuadro resultante nos muestra la posibilidad de atribuir diferentes significados al llanto, en función de la frecuencia y la abundancia con que una persona llore, la estabilidad y la pureza del sentimiento con que se expresen las lágrimas, la claridad de la percepción de una persona, influida tanto por motivos inconscientes como intencionales, los juicios de sí mismos sobre si la experiencia es buena o mala y, por último, el significado simbólico en el marco de una situación y una cultura dadas.

También hemos visto de qué manera las lágrimas representan una forma de lenguaje y un tipo de respuesta fisiológica a condiciones internas cambiantes. Esto significa que para llorar han de satisfacerse tres condiciones. En primer lugar, hemos de estar tristes, exaltados o deprimidos, lo que quiere decir que se trate de una experiencia familiar para ti, que puedas reconocerla. En segundo lugar, has de percibir ese estado como existente en el presente. En tercer lugar, has de tener la voluntad de mostrar con tus lágrimas qué es lo que sientes privadamente.

En esta sección exploramos más profundamente el significado del llanto como acto personal y social. Antes de esbozar algunas generalizaciones acerca de lo que significa el llanto para la mayoría de la gente, debemos considerar primero el origen de muchas incomprensiones que tienen lugar como resultado de tales diferencias individuales.

*Significados e interpretaciones erróneas*

Un acto de llorar, o cualquier acontecimiento de este tipo, puede tener un significado distinto para cada individuo que forma parte de la experiencia o la observa. Así, cuando hablamos del significado de las lágrimas, tenemos que considerar las perspectivas tanto de la persona que se comunica como de la que interpreta la conducta. A menudo estos significados diferentes no coinciden, como en el caso de un marido y una mujer que disienten seriamente.

La mayoría de los conflictos entre la gente son el resultado de la incapacidad o falta de voluntad para oír lo que dice la otra persona. En ningún otro campo es esto más evidente que en el de las comunicaciones lacrimosas, que, como hemos visto, son incluso más ambiguas y variables en su significado que cualquier otra forma de expresión emocional. En este diálogo, dos personas tratan desesperadamente de tomar contacto entre sí sin demasiado éxito:

Marido: Entonces, pienso que deberíamos dejarlo, quiero decir, no veo cómo podríamos...

Mujer: *[Las lágrimas se le acumulan en los ángulos de los ojos. Aparta los ojos y se pasa accidentalmente la manga por ellos.]*

Marido: ¿Qué? *[Silencio.]* ¿Qué es lo que va mal? *[Más silencio.]* Mira, si piensas que yo debiera hacer otra cosa, pues dímelo.

Mujer: *[Estira el brazo para coger la caja de* kleenex *y se la coloca sobre el regazo. Su marido se aferra como si estuviera a punto de volar.]* Yo sólo ... *[Ahora las lágrimas fluyen en serio.]* sólo que ... *[Solloza una vez, dos, luego se deja ir.]*

Marido: ¡Jesús! ¿Qué he hecho ahora? *[Ella solloza más fuerte.]* Mira, lo siento. Nada de lo que dije ni de lo que hice, sea lo que sea, fue con intención. Vamos. ¡Dame un descanso! *[Comienza a enfadarse.]*

Mujer: No ... No es ... eso. Trato de *[Inspira profundamente. Repite la inspiración.]* trato de ... sólo que no puedo ... *[Rompe a llorar otra vez.]*

Marido: Si no puedes hablar, no veo cómo podemos esperar arreglarlo.

Por supuesto, ella está hablando, pero su marido no es capaz de oír lo que dice su mujer, ni encontrar significado a su forma elegida de autoexpresión. Después de todo, en el vocabulario de lágrimas del marido sólo hay dos entradas: «Me hallo en una agonía extrema y probablemente me moriré» y «¡Los Lions acaban de ganar la Supercopa!». Sin embargo, esta mujer tiene un abanico variado de cosas que puede comunicar con sus lágrimas. Aunque habían vivido juntos durante ocho años, todavía no tenían claro el significado de esta forma especial de comunicación.

En esta breve interacción, por ejemplo, al comienzo el marido se siente culpable porque interpreta las lágrimas como acusatorias, como si le dijeran que ha hecho algo malo, que le ha hecho daño a su mujer. Cuando reconoce que probablemente no sea eso lo que ha sucedido, se enfada: «¿Por qué hace esto? ¿Por qué no puede parecerse más a mí y decir lo que en realidad quiere decir?». El marido se indigna porque ella habla un lenguaje extraño, que él no puede comprender.

Es difícil comprender o estar de acuerdo sobre el significado del llanto cuando dos personas tienen percepciones tan diferentes de lo que se está comunicando. He aquí algunos otros ejemplos de cómo dos construcciones significativas conflictivas se basan en la diferencia de visiones entre la persona que llora y la que escucha:

| *Lo que dice el que llora* | *Lo que oye el que escucha* |
| --- | --- |
| «Estoy frustrado porque no me comprendes.» | «Estás enfadado porque no haces lo que quieres.» |
| «Quiero estar más cerca de ti.» | «Quieres echarme de tu lado.» |
| «Estoy dolido.» | «Tratas de manipularme.» |
| «Tu ofrecimiento me ha conmovido.» | «Te he desconcertado.» |

Lo mismo que cualquier otra forma de comunicación, el lenguaje de las lágrimas es muy susceptible de ser mal interpretado cuando ambas partes no coinciden en las maneras de hablarse y de escucharse recíprocamente. A menos que ambas personas se tomen tiempo para aclarar qué es lo que cada una dice y oye, lo más probable es que en el futuro vuelvan a producirse malas interpretaciones. No obstante, cualquier consenso sobre el significado será evasivo.

Esta situación deriva de la realidad de que todas las comunicaciones, ya sean verbales o no verbales, tienen lugar en muchos niveles al mismo tiempo. En los ejemplos de mala interpretación que acabamos de mencionar, no se trata tanto de que la persona que llora y la que escucha digan y oigan una sola cosa, como de que los mensajes que se intercambian en múltiples niveles son mixtos y a menudo contradictorios.

### Significado en diferentes niveles

Encontrar el significado en lo que comunica el llanto implica descodificar lo que se expresa, tanto explícita como implícitamente. Y esto implica a su vez la comprensión del contexto de la comunicación por las lágrimas, hasta aquello que lo precede.

Hace unas décadas, un equipo interdisciplinario de investigación dirigido por Gregory Bateson observó las interacciones que tienen lugar entre las personas, sobre todo en familias con problemas funcionales. Descubrieron una pauta de la que ya es consciente la mayoría de nosotros: que todas las comunicaciones incluyen tanto mensajes superficiales (lo que se informa) como mensajes subyacentes (señales no verbales).

El llanto tiene sentido en el contexto de los dos niveles en que se expresa. En el nivel superficial, las lágrimas son portadoras de mensajes no verbales para alertarse a uno mismo o alertar a los demás de que se está produciendo una activación emocional. El marido del ejemplo anterior oyó este mensaje claro y en voz alta: «Mi mujer está turbada. Hay algo que siente con gran intensidad». Sin embargo, en el nivel más profundo también se comunicaban otras cosas que él no era capaz de seguir. Según la expresión del rostro, la postura corporal, la colocación espacial, el tono de la voz y otras señales, las lágrimas indican una cantidad de mensajes posibles, desde «¡Ayudadme!» hasta «¡Dejadme solo!» y casi todo lo que hay entre una cosa y la otra.

Así como cuando dos personas no hablan el mismo lenguaje de las lágrimas o la persona que llora no puede dar sentido a sus propias lágrimas cunde la confusión y la frustración, así también pueden ocurrir cosas maravillosas cuando se logra desvelar el significado particular de la comunicación. Un hombre describe cómo, al prestar atención a sus propias lágrimas en diferentes niveles, precipitó una visión de su vida en profundidad. Antes de este punto particular de inflexión, había prestado atención a sus sentimientos tan sólo en el nivel superficial, sin conectarlos nunca con acontecimientos del pasado, con reacciones inconscientes ni con el significado subyacente de su incapacidad de llorar:

> Aprendí a llorar en un grupo de hombres al que asistía para trabajar sobre un dolor que no podía manejar por mí mismo. Mi padre me había hecho objeto de abusos sexuales cuando yo era niño y nunca había afrontado en realidad esa cuestión.
>
> Aquí yo era profesor de inglés, un artista del lenguaje, y sin embargo permanecía mudo; no podía expresarme. No obstante, me maravillaba ver que los otros hombres –camioneros, empleados de tienda y vendedores– podían enunciar sus sentimientos profundos. Ellos hablaban de su dolor con gran riqueza de lenguaje. Yo, por mi parte, lloraba.

Me llenaba de sentimiento por ellos, pero no podía hacerlo por mí. Una noche, cuando otro individuo hablaba de sus propios problemas de malos tratos, perdí el control. Estallé en lágrimas recordando lo que me había sucedido en quinto y sexto curso. Estaba tan confuso con esto que no pude hablar, pero mis lágrimas hablaron por mí. Ellas me prestaron el lenguaje para tratar con la vergüenza. Luego pude dejar el incidente detrás.

Como tan elocuentemente lo dice este hombre, sus lágrimas se apoderaron de tal manera de él que no pudo seguir ignorando la llaga que supuraba en su interior. Lo obligaron a contemplar los problemas que durante tanto tiempo había evitado. Eran la evidencia más tangible, quizá la única prueba física de que sentía algo intensamente en su interior. Antes del incidente en el grupo, el significado se había limitado para él a un nivel superficial en el que había sido incapaz de acceder a la significación más profunda de sus sentimientos.

### Significados simbólicos del llanto

No nos interesan tan sólo los significados manifiestos de las cosas, sino también sus representaciones simbólicas, inconscientes y disfrazadas. Puesto que las lágrimas aparecen mencionadas de manera tan prominente en la literatura religiosa, la mitología, las canciones populares y otros productos culturales, el analista puede gozar con la generación de posibles interpretaciones.

De un modo más evidente, las lágrimas son un fluido corporal que se excreta exactamente igual que la orina, la saliva, el sudor o los jugos gástricos. Como tal, el llanto puede considerarse simbólicamente como parte de un sistema inmunitario, una defensa agresiva contra el trauma emocional. Los psicoanalistas ofrecen otras interpretaciones simbólicas, que ven en el llanto una defensa compensatoria de otros impulsos internos. En otras palabras, la liberación de lágrimas puede sustituirse por la descarga de energía sexual. Quienes tienen demasiado limitada e inhibida la expresión de la pasión a través de los genitales, ven una alternativa en la liberación de fluido por los ojos.

Se han ofrecido otras explicaciones que se centran en las lágrimas como depleción del fluido corporal. Tanto el bebé llorón como el adulto deprimido aguardan pasiva e inútilmente cuidadores que le repongan el alimento perdido. Es como si el cuerpo humano fuera un barril lleno hasta el borde de agua salada y en movimiento. Cuando un agujero envía una corriente de lágrimas al suelo, es una señal de que alguien debe reparar el agujero y llenar de nuevo el barril hasta el borde.

En su nivel simbólico más básico, el llanto es a menudo un acto de regresión en que retrocedemos al primitivo estadio preverbal de la vida. En una época anterior a las palabras, las lágrimas eran la única manera en que podíamos comunicar la tristeza. Cuando experimentamos dolor, incomodidad y excitación, volvemos a ser nuestro yo más básico.

Los psicoanalistas Edwin y Constance Wood concibieron el llanto, en todas sus permutaciones, como expresión de pérdida. Es una pérdida momentánea de equilibrio entre diversos impulsos instintivos. De manera coherente con este modelo de conducta presente en conexión con problemas no resueltos del pasado, los psicoanalistas consideran las lágrimas como regresión emocional desencadenada por algo, como un funeral, una boda o una escena cinematográfica, que evoca una experiencia anterior. Ya sea de manera consciente, ya fuera del alcance de la conciencia, mientras el cerebro y la psique se ocupan afanosamente de recordar episodios penosos (desde el trauma del nacimiento a la desilusión de ayer mismo), cuando los sistemas verbales están sobrecargados, las que comunican son las lágrimas. Es como si la pantalla de televisión perdiera momentáneamente su imagen visual y el estudio emitiera una señal más básica en su lugar.

En cuanto al significado de las lágrimas felices, pueden explicarse como postergación de afecto. En un estudio, Joseph Weiss cita ejemplos clásicos de esto cuando alguien llora en su propia comida de homenaje, o un nuevo inmigrante llora al ver la Estatua de la Libertad. Las lágrimas representan una liberación de sentimiento que se ha tenido durante años bajo control.

Cuando los sentimientos son demasiado amenazadores para nosotros como para tratar con ellos en el momento, escogemos aparcarlos el tiempo suficiente para fortificarnos. Ya sea que vivas vicariamente una pérdida por intermedio de una película o una novela, ya sea que la experimentes directamente, casi siempre las lágrimas se sueltan en el momento de reunión y reconciliación. De acuerdo con la teoría freudiana de la energía psíquica, tal vez el llanto represente simbólicamente la descarga del afecto una vez a salvo como para experimentar todo su vigor.

Un hombre ha trabajado durante años en relativo anonimato. A causa de esta falta de reconocimiento se siente triste, no apreciado y solitario. Sin embargo, ahoga estos sentimientos y sigue con su trabajo, haciendo todo lo que puede. Quiere llorar, no sólo de frustración y humillación, sino también de rabia. En cambio, redobla sus esfuerzos, canaliza su energía psíquica hacia un mayor impulso al logro de la meta. Cuando llora abiertamente, con ocasión de su celebración de jubilación, está liberando treinta y cinco años de emociones contenidas.

De todas estas diferentes teorías que ofrecen posibles explicaciones simbólicas para dar cuenta del significado de las lágrimas, surge con claridad que esta conducta es mucho más que la manifestación externa de procesos internos. Cuando lloras, estás diciendo algo a alguien, aun cuando sea a ti mismo.

*Contextos sociales para la construcción del significado en lágrimas*

Primariamente, el significado se extrae en el marco del contexto de la interacción con los demás. Aun entre los niños de unas pocas semanas de edad, los padres son conscientes de lo que las investigaciones de laboratorio han confirmado, a saber, que los bebés lloran menos cuando se los coge y más cuando se los aparta de sus madres. No hay duda de que la expresión de las lágrimas es un acontecimiento social, tanto para la madre como para el bebé. En realidad, un estudio encontró que la mera imagen de madre (o padre) competente se relaciona directamente con la habilidad percibida para detener las lágrimas a través de sus intervenciones. Por sus consecuencias, sería imposible exagerar este aspecto. En un estudio realizado bajo la dirección de Barry Lester, las madres más sensibles y hábiles a la hora de leer los llantos del bebé tienen hijos mejor adaptados y con mayor éxito social cuando maduran.

La investigación sugiere que no sólo en el caso de los bebés, sino también de cualquier persona que esté llorando, el significado de ese acontecimiento sólo puede determinarse si se considera la manera en que reaccionan los demás. Lo mismo que en cualquier forma de comunicación, cada segundo se hacen miles de adaptaciones mientras recibimos y procesamos información acerca de lo que ocurre dentro y alrededor de nosotros. En función de lo que la gente hace antes, durante y después de los episodios de llanto, podemos llorar más o menos intensamente, más o menos prolongadamente, más libremente o con mayor inhibición. Esto también significa que si deseas descodificar lo que te dicen las lágrimas de los otros, tendrás que examinar también tu propia conducta.

Un hombre que se encuentra mucho más cómodo en el mundo de los datos y los números que en los matices más sutiles de las lágrimas, describe que llegó a entender lo que otrora considerara naturaleza superemotiva de su mujer:

> Acostumbraba a acusar a mi mujer de llorar, como si el sentir tanto fuera una falta. Deseaba que fuera más lógica y racional en su manera de discutir... Sí, deseaba que se pareciera más a mí.
>
> No fue fácil, pero terminé por darme cuenta de que a menudo era yo quien exacerbaba su llanto al replegarme de la manera en que lo hacía. Por ejemplo, a veces reacciona vigorosamente a algo, tal vez al hecho de que uno de nuestros hijos está en apuros. Ella llora. Yo también me siento mal. No puedo llorar, de modo que empiezo a gritarle para que se calle y me deje pensar. Ella llora más fuerte. Yo me irrito más aún. En realidad, para empezar, nunca he estado enfadado con ella, pero mi hijo no me escucharía, de modo que discuto con ella como sustitución.
>
> Ahora que hago esfuerzos por escuchar a mi mujer en lugar de mandarla callar, su llanto nos ayuda a los dos a hablar de lo que más perturba.

Raramente se podría expresar tan claramente la dinámica de la interacción circular en lo que afecta al llanto en el contexto de una relación. En una relación no es extraño que una persona (en general la mujer, pero también quien sea emocionalmente más expresivo) esté destinada a llorar. En tales casos, es posible considerar las lágrimas no ya como expresión de una persona sola, sino en nombre propio y de la otra persona, como en el caso de la pareja que se acaba de describir.

Cada vez resulta más evidente que las lágrimas no tienen parangón como poderoso sistema de lenguaje, como manera de comunicar la esencia de un sentimiento, a veces superando toda apariencia de control. Las lágrimas realzan nuestra conciencia del yo y de los otros. Superan la cognición y la toma consciente de decisiones. Pueden dominar la percepción y la interpretación de la realidad de manera tan completa que podemos concluir sin dificultad que los sentimientos son la esencia de la experiencia humana.

Nuestra capacidad para sentir tristeza, vergüenza, rabia, piedad, compasión o evasión –vicariamente o como experiencia directa– es la fundación de la empatía que nos conecta con los otros. En la medida en que la familia y los amigos compartieron nuestras lágrimas durante los momentos de crisis, seremos capaces de hablar un lenguaje común, aun cuando a veces haya dialectos indescifrables. Las lágrimas son parte del cemento que nos une.

En la primera mitad de este libro hemos analizado el significado del llanto, sus muchas variedades y funciones. Hemos desarrollado una conjunto de principios generales para comprender el lenguaje de las lágrimas. Y este lenguaje, lo mismo que una lengua como el mandarín, el inglés, el castellano o el francés, se escribe aproximadamente de la misma manera sobre un territorio muy dilatado y, no obstante, hay muchos dialectos de esas lenguas. Cada uno de ellos refleja un conjunto ligeramente alterado de reglas relativas a la gramática, la pronunciación y el uso contextual. Esta misma diferencia lingüística puede hallarse en la comunicación por las lágrimas: cada cultura tiene en sus lágrimas un acento distintivamente diferente.

# 5

# El llanto en las diferentes culturas

E l lenguaje de las lágrimas no presenta una forma universal de comunicación en cualquier lugar del mundo. Los diferentes pueblos hablan dialectos únicos a través del llanto y tienen actitudes diferentes respecto de la expresión emocional. Cada sociedad opera desde un conjunto particular de valores, creencias religiosas, tradiciones familiares y reglas interactivas que se aplican a todo tipo de comunicación. Si, por ejemplo, asistiéramos a un funeral en Nueva Guinea, Ghana, Taiwan, Quebec, Perú o Irlanda, ¿reconoceríamos una pauta familiar de llanto? Seguramente observaríamos ciertas diferencias en esta conducta, pero, ¿se trataría de diferencias significativas o simplemente de adaptaciones menores?

En este capítulo visitaremos una cantidad de regiones diferentes y examinaremos sus respectivas visiones del llanto, pero prestaremos atención especial a sus distintas maneras de hablar por medio de las lágrimas. Algunas de estas pautas serán familiares al lector, mientras que otras le resultarán completamente extrañas. Por ejemplo, piénsese, a modo de anticipación, en el llanto de los makonde, un pueblo bantú de Tanzania. El lenguaje de las lágrimas que hablan los makonde es diferente, de tono más alto al que estamos acostumbrados. Más que con lágrimas continuas, como las que nosotros vertimos, ellos lloran en explosiones breves, fuertes y agudas, casi como una sirena.

Una pareja misionera con la que hablé describió las dificultades que encontraron para aprender a llorar en los funerales de sus nuevos amigos tanzanios para no destacarse. La mujer lloraba en un pañuelo de papel, lo que los makonde encontraron raro, pues se preguntaban por qué no dejar caer libremente las lágrimas. Pero más aún los desconcertó el hombre, que lloraba en un pañuelo de tela que volvía a introducir en el bolsillo. Deseaban saber por qué guardaba las excreciones de ojos y nariz. ¿Es que tenían algún significado especial?

Uno de los aspectos más fascinantes de la investigación en este tema fue examinar las maneras en que se trata el llanto en lugares geográfica y filosóficamente muy alejados de nuestra ventajosa posición. El lenguaje de las lágrimas de una cultura dada dice mucho acerca del énfasis que ésta coloca en el dominio de sí mismo frente a la expresión de sí mismo y a la intimidad emocional. En cierto modo, el lenguaje de las lágrimas es una extensión de la lengua natural de una cultura.

## EL LLANTO COMO ACONTECIMIENTO CULTURAL

Quien haya vivido mucho tiempo en otra cultura recordará los cambios que resultan de esta clase de inmersión. El observar los apasionados requiebros de los italianos a una mujer vulgar, la reticencia inglesa encarnada en las posturas de muñecos de madera de los guardias frente al palacio de Buckingham o el estallido de dolor de una aldea africana por la pérdida de un ser querido, pueden tener consecuencias profundas en tu propia propensión a mostrar o a contener las emociones.

No carecen en realidad de fundamento nuestras impresiones de que los pueblos de diferentes culturas no sólo hablan de distinta manera, sino que también es único el lenguaje de las lágrimas con que se expresan. Un hombre que acababa de regresar de una estancia de seis meses en Sudamérica observó cambios internos en sí mismo:

> Comencé a observar, ante todo, que cuando me comunicaba en castellano me sentía mucho más emotivo y que me volvía más expresivo. En parte, esto se debía a que trataba de llenar un inadecuado vocabulario verbal con lenguaje emocional no verbal, pero mi personalidad era decididamente más apasionada. Sentía las lágrimas más a flor de la superficie de lo que acostumbraba con anterioridad.
>
> Una vez de regreso en Estados Unidos, me olvidé por completo de la transformación de personalidad que había experimentado en mi yo castellano en oposición a mi yo inglés. Sólo me di cuenta de la diferencia cuando hablé con mi amigo que también acababa de regresar de Latinoamérica.

Una mujer se unió entonces a la discusión para referirse a lo difícil que había sido para ella contenerse emocionalmente en Estados Unidos:

> De niña me crié en Sudamérica, donde las lágrimas eran una respuesta natural y honesta a algo que sucedía. Cuando llegué a este país aprendí muy pronto que las lágrimas tienen un significado muy diferente, que te desvaloriza.
>
> Era como jugar al juego del pollo: apenas lloraba, perdía. Me sentía humillada. El llorar terminó por asociarse a los aspectos negativos de mi feminidad.
>
> En esta cultura, el mostrar emociones se ve como un signo de debilidad, pero en mi lugar de origen, el «machismo» se asocia a los sentimientos apasionados, volátiles y explosivos.

Hasta ahora hemos considerado el llanto como un fenómeno natural, un fenómeno producido automáticamente por desencadenantes universales que se dan cotidianamente. Puede tratarse de acontecimientos biológicos, como desequilibrios químicos en el cuerpo o humos tóxicos en el entorno. Puede tratarse también de acontecimientos psicológicos, como la humillación, el rechazo, la cólera, la alegría o el miedo. Tanto en este capítulo sobre diferencias culturales en el llanto como en los dos capítulos siguientes, sobre el género, ampliaremos el enfoque para tomar en cuenta esta conducta en su condicionamiento social. A menudo las emociones pueden no ser tanto acontecimientos biológicos como culturales, es decir, respuestas aprendidas a situaciones particulares.

En toda sociedad, las normas y las expectativas modelan la manera en que sus ciudadanos reaccionan a los acontecimientos. Hay culturas que estimulan la expresión lacrimosa como saludable y socialmente adecuada en determinadas circunstancias, mientras que otras eliminan drásticamente el llanto. En consecuencia, cada pueblo tene una creencia acerca de las diversas clases de expresión emocional. ¿Cómo explicamos las diferencias entre culturas de Malasia central en las que una tribu, los chewong, tienen en su vocabulario un total de ocho referencias a cualquier estado de sentimiento, mientras que otros pueblos, a sólo unos pasos de distancia, tienen más de doscientas palabras para describir estados emocionales? ¿De qué otra manera explicamos que en el término de unas cuantas millas, tres culturas indonesias diferentes muestren tipos tan diferentes de llanto en respuesta al dolor?

*Guiones culturales y ritos de pasaje lacrimoso*

El lugar auténticamente privilegiado para buscar evidencias de pautas establecidas en la conducta de llanto es el de las normas y rituales que una cultura prescribe. En todas las regiones, diversas instituciones de religión, educación, gobierno o entretenimiento desempeñan un papel de adoctrinamiento de los ciudadanos en guiones adecuados para representar en determinadas circunstancias. Hay sociedades que no tienen acceso a la televisión como elemento orientador, pero poseen otras formas narrativas (música, danza, representaciones teatrales, mitos, murales) en las que los personajes aparecen luchando para responder luego según maneras preestablecidas.

Un conjunto de aldeanos de la cuenca del Amazonas, en Brasil, se sienta alrededor de un fuego a contar relatos acerca de los varones más jóvenes de la tribu que acaban de regresar de una cacería, de la que no volvían ilesos todos los que en ella habían participado. Uno de los cazadores había muerto y otros habían quedado paralíticos de por vida durante un choque con otra tribu a causa de la limitación en la caza disponible. Mientras cuentan la historia, los narradores tienen cuidado de presentar a los caídos como guerreros que no conocían el miedo y que no vertían una sola lágrima por sí mismos ni por sus seres queridos.

Los niños escuchan embelesados estos relatos de valor, azorados ante el autocontrol que debieron tener sus parientes y vecinos para recorrer tales distancias heridos y negándose todo el tiempo a emitir el menor sonido de protesta. Por supuesto, lo que ocurrió realmente durante este viaje está fuera de cuestión: los niños escuchan la lección de que el coraje se equipara al control emocional. Para el guerrero, una cosa es ser herido en la batalla y otra muy distinta sufrir el dolor sin llorar.

En las antípodas, el mismo proceso de adoctrinamiento cultural se produce a través de otro medio. En un episodio de un drama semanal de televisión observamos a un niño que llora histéricamente cuando lo dejan en la escuela. Entonces le dicen que los niños mayores no lloran. Se recompone, inspira profundamente, se une a sus compañeros y se le premian sus esfuerzos considerándolo inmediatamente popular. Es difícil que la lección de este guión cultural no prenda en los espectadores más jóvenes, que asienten para sí mismos resueltamente con la cabeza ante la idea de que en circunstancias similares ellos se comportarían con similar dignidad.

Aunque tengamos la sensación de que controlamos nuestras emociones y lágrimas, en realidad sólo se nos permite llorar según normas impuestas. Cómo reaccionar ante alguien que te ataca verbalmente es algo que depende de la situación. Si estuvieras en tu casa, muy bien podrías chillar o romper a llorar. Pero si te hallaras en el trabajo, lo más probable sería que dieras una respuesta más moderada. Otros guiones culturales dictan un conjunto diferente de opiniones. Al afrontar una amenaza, un miembro de una tribu esquimal se encogería de hombros y se alejaría de la perturbación, mientras que individuos pertenecientes a otras culturas tal vez lucharan violentamente o rompieran a llorar.

En un estudio intercultural que examina cómo las tribus africanas del este responden a las lágrimas en comparación con nuestras propias pautas, Sara Harkness y Charles Super observaron que el aprendizaje de cómo y cuándo llorar se asemeja a la adquisición del lenguaje en general. En otras palabras, las emociones son socializadas mediante la enseñanza de reglas gramaticales que se imponen y se corrigen cuando se producen desviaciones respecto de las normas esperadas.

Un ejemplo dramático de esto se encuentra en las ceremonias de circuncisión y la ablación del clítoris en niños y niñas respectivamente, que en algunas regiones de África no sólo se consideran ritos de iniciación a la edad adulta, sino también puntos focales capitales de la solidaridad aldeana. En preparación para esos rituales, se celebran fiestas que se prolongan varios días. Durante el lacerante dolor que acompaña a la mutilación genital en un momento de la vida en que los sentidos se exaltan, se espera que tanto los varones como las niñas soporten este procedimiento con dignidad. Sobre todo se prohíbe terminantemente llorar, pues no sólo trae desgracia al individuo, sino también a su familia y su comunidad. Si la víctima derramara lágrimas quedaría excluida cualquier oportunidad de lograr un buen matrimonio o una posición encumbrada en la comunidad.

Es interesante cómo la gente joven de las tierras altas del oeste de Kenya está destinada a retener las lágrimas incluso en momentos en que llorarían hasta los más valientes. Harkness y Super comparan dos ejemplos diferentes de cómo el lenguaje de las lágrimas se adquiere a través de las interacciones madre-hijo. En el primer caso, Douglas, un muchacho kenyano de trece años, construye una torre con toda alegría. Cuando, inesperadamente, caen los bloques, el muchacho estalla en lágrimas. Su madre lo interrumpe inmediatamente con estas palabras: «No te sientas mal. Sé que estás enfadado. Es frustrante construir una torre tan alta. ¡Venga, va, vuelve a probar!». La madre le ayuda rápidamente a identificar lo que siente y así lo orienta a comunicarse de otras maneras que mediante las lágrimas. Después explica qué provocó esa emoción y le dice que es normal sentirse así. Por último, estimula a su hijo a que recomience la actividad. El llanto se interpreta como una señal de que es menester enfrentar un desafío.

En el segundo ejemplo, por el contrario, Kipkirui, de siete años, desea compartir el agua que su hermana mayor está usando para lavarse las manos. Ella se niega. Pelean hasta que el niño termina en el suelo llorando. La madre de Kipkirui regaña a la hermana y luego manda callar al niño. Después se lo lleva para que le ayude a preparar la comida.

Aunque las edades y las circunstancias de estos dos niños son diferentes, lo que trasunta es coherente con la manera de responder a las lágrimas en las tierras altas de Kenya. Entre estos pueblos, más bien que prestar atención al llanto, se tiende a evitarlo o a tomar distancia de él. Éste es el mecanismo que enseña el bloqueo emocional, habilidad que se demostrará decisiva llegado el momento en que el cuchillo comienza a cortar.

En cuanto al llanto como respuesta al dolor, los médicos han observado que los miembros de grupos étnicos particulares reaccionan de maneras consistentes sobre la base de los guiones culturales a los que obedecen. Por ejemplo, es más probable que se muestren emocionalmente expresivos los italianos y los judíos que otros grupos. Los ingleses, los suecos y los alemanes lloran con considerable menos frecuencia e intensidad que los originarios de los países mediterráneos. Esto es muchas veces el resultado de cómo las respectivas culturas definen la fuerza interior del carácter. Para un italiano o un judío, llorar no es ninguna deshonra; en realidad, hacerlo abiertamente en momentos de angustia es una tradición honorable. Un proverbio judío describe las lágrimas como el jabón que lava el alma. Con ocasión de la Passover Seder, durante la cual los judíos celebran su liberación de la esclavitud egipcia, un ritual implica simbólicamente, llevándose agua salada a los labios, la honra de las lágrimas de sometimiento derramadas.

Por el contrario, los británicos son famosos por su contención emocional, manifestación de su orgullo en mantener los sentimientos para sí mismos. El filósofo inglés John Locke escribió un tratado sobre el tema del llanto, en el que equiparaba éste a una conducta extremadamente incivilizada: «Llorar es una falta que no debe tolerarse en los niños; no sólo por el ruido desagradable e indecoroso que llena la casa, sino por razones de mayor peso en referencia a los niños mismos, que son nuestro objetivo en la educación».

Locke identificó dos clases de llanto, ambas muy despreciables: el llanto pertinaz y dominador y el quejumbroso y plañidero. Locke opinaba que jamás debía tolerarse la primera variedad, basada en la obstinación, así como debía reprimirse la pasión y el deseo. En cuanto al tipo quejumbroso, Locke lo equiparaba a «feminidad del espíritu», que debía prevenirse o curarse a toda costa.

No obstante, la cultura que estimuló los pronunciamientos lockianos en relación con la contención necesaria de las lágrimas se suavizó un poco con el tiempo. Sólo una generación después, el periodista Leigh Hunt reconocía: «Hay penas tan honorables por propia naturaleza, que negarles una lágrima sería aún peor que falso heroísmo». Supongo que vale más una lágrima que ninguna.

## Cuando las culturas lloran

No sólo hay diferencias en la frecuencia con que la gente de distintas regiones se siente inclinada a llorar, sino también en las situaciones específicas en que pueden asomar las lágrimas. Un equipo interdisciplinar y multicultural de estudiosos de Suiza, Japón, Alemania, Israel, Estados Unidos, Inglaterra y Francia unieron sus esfuerzos para comparar las diferentes maneras de experimentar las emociones en sus respectivos países.

Por ejemplo, en Japón, las causas más probables de las lágrimas de tristeza son los problemas de relación, mientras que en las culturas occidentales, la tristeza más profunda es la producida por la muerte o la separación de un ser querido. Esto se explica, en parte, porque la separación por divorcio y la mudanza de localidad son más comunes en América del Norte que en Japón, donde la gente tiende a permanecer toda la vida en el mismo vecindario en que nació. Los investigadores también observaron que el 20 % de las experiencias tristes de que se informa en Estados Unidos se deben a la muerte de un ser querido; en Japón, la proporción de estas experiencias sólo llega al 5 %. Esto podría deberse a los diferentes puntos de vista acerca de la muerte entre la religión oriental y en la religión occidental.

En casi todas las culturas, la muerte de un niño provoca llanto. Siempre hay excepciones, sin embargo, en función de cómo se interprete la secuencia de acontecimientos. Si, por ejemplo, se atribuye la muerte a hechicería, podría manifestarse cólera en lugar de llanto. Si se cree que el alma del niño se halla en camino a un lugar mejor en el cielo, tal vez hasta podría sentirse felicidad.

Pero para observar estas diferencias no hace falta que viajes a las antípodas. Entre los norteamericanos de origen asiático observarías una gran concentración interior en la depresión del dolor, mientras que los norteamericanos de origen africano y los indios han sido educados para expresar los sentimientos de pérdida a través de la manifestación espontánea de lágrimas. Cada una de estas subculturas norteamericanas forma literalmente a sus miembros en las reglas específicas en lo relativo a cuándo y en qué circunstancias es adecuado llorar. Por ejemplo, una vez que un varón hispano llega a la adolescencia, el concepto de machismo le hace muy difícil en adelante expresar las emociones con el llanto; la respuesta aprobada a la decepción o a la pérdida es la cólera.

En cada uno de estos casos, así como en otros que podríamos analizar, el llanto existe en un contexto cultural afectado por la manera de definir los acontecimientos (buenos, malos o indiferentes), y por las reglas que rigen la manera en que se deben expresar los sentimientos (contención estoica, alaridos, lamentos o llanto silencioso). Por ejemplo, en ciertas culturas podría expresarse la cólera con una sonrisa siniestra, mientras que en otras la forma usual de expresarla sería un grito de guerra o la burla.

Cuando Karl Heider estudió las reacciones emocionales de culturas en Indonesia, confirmó esta idea de que las lágrimas o otras emociones se expresan en el contexto del lenguaje. Cita un ejemplo de cómo el vocabulario de sentimientos disponibles a los minangkabu javaneses de Sumatra y a los minangkabu de Indonesia determinan la manera en que los miembros de cada sociedad experimentan la tristeza. Observó las diferencias en la información que daban acerca de cómo sobrellevaban la pena y la tristeza.

Para centrarnos en la cultura de los minangkabu de Indonesia, un natural describe cómo su pueblo tiene absolutamente prohibido llorar o mostrar signo alguno de tristeza emocional; pero tienen dos opciones: cantar loas a sus dificultades o reservar los problemas al ámbito privado. Sin embargo, es interesante observar que la realidad de la situación es muy diferente de lo que mandan las reglas culturales que se exhiben a los extranjeros. En realidad, en todas las culturas indonesias, la reacción concreta a la tristeza es el llanto, lo mismo que en nuestra cultura.

De este estudio se extrae la conclusión de que aunque hay grandes diferencias en la manera en que los seres humanos de las distintas culturas interpretan los acontecimientos y exponen sus reacciones, hay en realidad unas cuantas reacciones emocionales relativamente universales, entre las que se encuentra el llanto. Otra cosa que conviene no olvidar en tanto estudiosos de las lágrimas es que lo que la gente dice que hace puede ser muy distinto de su comportamiento real.

Por ejemplo, un isleño del Pacífico dijo que en su pueblo lloraban apasionadamente en los momentos de dolor o de pérdida. Se mostraba muy crítico respecto de la contención emocional de la gente de ascendencia europea, con sus frases educadas como «Siento mucho tu pérdida» en sustitución de sentimientos más auténticos que se expresan con lágrimas.

No obstante, cuando se presencia en realidad la ceremonia de dolor que acompaña a la pérdida de un ser querido, se observa que, si bien hay una habitación llena de personas llorando, lo hacen de dos maneras muy distintas. El primer grupo, formado por la familia inmediata y amigos íntimos del fallecido, no parecería tan extraño a nuestros ojos ni a nuestros oídos. La extensión de los lamentos, los sollozos y el flujo de lágrimas podría considerarse excesiva para los patrones de los protestantes de clase media alta, pero no se alejarían de lo ordinario para muchos otros grupos culturales bien conocidos por su espontaneidad emocional. Lo que sí parecería inusual, en cambio, es un segundo grupo de personas, que también llora, pero en un tono y un estilo que sugieren más una representación artificial que una manifestación auténtica de pérdida real: estas lágrimas equivalen a las palabras educadas.

### Reacciones de dolor

El dolor nos enfrenta a una situación en la que más fácilmente podemos establecer comparaciones entre respuestas culturales diferentes. En todo el mundo la gente se muere, y cuando esto ocurre se producen ciertos procesos de despedida al que se marcha. En un estudio sobre el dolor y el duelo en setenta y ocho culturas, Paul Rosenblatt y sus colegas trataron de realizar ciertas generalizaciones acerca de cómo reaccionan los seres humanos ante la muerte. Hay algunas observaciones universales, como, por ejemplo, que los seres humanos construyen fuertes afectos recíprocos con el tiempo y que la pérdida de estas conexiones es enormemente penosa.

En consecuencia, la aflicción lleva a una cantidad de poderosas reacciones emocionales, entre ellas la tristeza, la soledad, la culpa, la cólera, el miedo, la angustia y la vergüenza. Todas las culturas tienen costumbres mortuorias que se establecen en nombre de los fallecidos, para facilitar su pasaje de la vida a la muerte, y sobre todo en beneficio de los que se quedan para sufrir. La intención primaria de estos rituales consiste en ayudar a la gente a elaborar sus sentimientos de tal manera que puedan volver a las actividades productivas de la comunidad.

En todos los pueblos del mundo, la única conducta prácticamente universal que se expresa durante el dolor es el llanto. Los balineses son los únicos que a menudo no vierten lágrimas, fenómeno curioso al que se le ha descubierto relación con originales prácticas religiosas de los hindúes de permanecer tranquilos e imperturbables ante una pérdida trágica. Cuando Rosenblatt visitó Bali durante un mes para estudiar más detenidamente la ausencia de lágrimas, descubrió que ocasionalmente los niños parecían producir unos ruidos como llantos, pero con ausencia de lágrimas. En una entrevista representativa con un hombre que había perdido tres hijos, éste sonrió y rió a lo largo del relato, como si dijera: «Así es como dejo de llorar».

En todo el mundo, la norma para expresar dolor es más el llanto y el lamento dramáticos y desinhibidos que nuestras lágrimas disciplinadas. Éste es sin duda el caso de la ceremonia de dolor del pueblo maorí de Nueva Zelanda. La tangi es un tipo de ceremonia oficial en que todos los miembros de la familia y la comunidad se reúnen para honrar al que ha partido. Es una experiencia intensamente emocional en la que los participantes emplean las lágrimas para exhibir su dolor y mostrar a la familia la magnitud de su preocupación. Como ya se dijo en el ejemplo anterior del isleño del Pacífico, se espera que si estás verdaderamente triste por la pérdida de los acongojados deudos, has de mostrarlo con los ojos, no con la boca.

## Ceremonias de lágrimas

Es instructivo comparar cómo otras culturas, diferentes de la nuestra, usan las lágrimas como parte de diversos rituales. Nuestras costumbres de duelo han sido diseñadas específicamente para inhibir las tendencias a la agresión inmediatamente después de la muerte de un ser querido. No podemos permitir que la gente exteriorice de manera violenta su dolor y su cólera cada vez que experimenta una pérdida. Eso llevaría al caos. Desde el momento en que el moribundo exhala su último suspiro, todo movimiento posterior de los deudos está coreográficamente trazado según pasos predecibles. Médicos, enfermeras, pastores, sacerdotes, rabinos, miembros antiguos de la familia y sobre todo los que dirigen el funeral, todos nos dicen exactamente cómo comportarnos. Nuestra vida está gobernada por rituales prescritos.

En otras culturas, la agresión se suprime o se sublima de modo muy distinto. El antropólogo Edward Schieffelin vivió entre los bosavi de Nueva Guinea para estudiar sus ceremonias. Uno de esos rituales, particularmente pertinente al tema de las lágrimas, implica la estimulación sistemática del llanto. Cada vez que llegan a la aldea visitantes que vienen de lejos, se espera que pasen una noche bailando y cantando para sus anfitriones. Repentinamente, uno de los aldeanos cogerá una antorcha y quemará en la espalda a los bailarines, que no protestarán ni darán muestras de dolor. Sin embargo, la angustia campea entre los aldeanos, que aúllan y lloran toda la noche. Luego los visitantes compensarán a los aldeanos por hacerlos llorar. El éxito del ritual se juzga sobre todo por el tiempo que la gente llora y su manera de llorar.

Ésta es una ceremonia de dolor, de violencia, de tributo y de reciprocidad. Mayormente se refiere a tragedias nostálgicas. El objeto de este ejercicio es provocar fuertes reacciones emocionales en los participantes, hacerlos llorar. La gente no advierte nunca hostilidad, violencia ni cólera en su conducta. En palabras de un investigador: «Los ven imponentes y excitantes, profundamente conmovedores, hermosos y tristes, pero no antagonistas. Las canciones no se presentan como ridiculizaciones o burlas de los oyentes, sino con el mismo espíritu de simpatía con que los propios visitantes lloran al final de la ceremonia por sus amigos y parientes entre los anfitriones que han sufrido».

Lo mismo ocurre en nuestra cultura. ¿Acaso no sentimos inclinación por los filmes, las piezas teatrales y óperas trágicas y los espectáculos que nos hacen llorar? ¿Y acaso no vertimos lágrimas tanto por nosotros mismos y nuestros seres queridos como por personajes imaginarios con los que acabamos de encontrarnos?

Tanto en la cultura de los bosavi como en nuestra propia comunidad, hemos institucionalizado las «ceremonias de las lágrimas» que nos ayudan a reflexionar sobre los sentimientos acerca de nuestra propia existencia a través de la vida de otros. Las canciones y las danzas cuentan historias de amor perdido y nos hacen llorar. Por bárbaros que nos sintamos quemando la espalda de los huéspedes que han venido a visitarnos, ¿no es eso lo que intentan hacer los gladiadores de nuestras ciudades a los equipos de fútbol visitantes de nuestros vecinos? Muchos de nuestros deportes de espectáculo –boxeo, hockey, rugby y fútbol– permiten a los observadores vivir sus fantasías de violencia sin lastimarse. Lo mismo ocurre en muchas culturas con las lágrimas: se crean ceremonias y rituales que permiten a los ciudadanos experimentar a salvo sus emociones, sin trastornar demasiado las cosas. Nunca es esto más evidente que ante la muerte.

*Un caso de llanto armónico*

Las diferencias culturales en el llanto no sólo son evidentes en las ceremonias de lágrimas o de muerte. En el norte de la India hay diversas comunidades en las que el llanto se emplea regularmente como forma de comunicación. Ante todo, es evidente que hay distintos modelos de habla entre los hombres y las mujeres de las aldeas de esta región. Usan diferentes tonos y variaciones de altura e incluso diferentes gestos.

Cuando llega el momento de expresar emoción, las mujeres usan determinadas expresiones soeces, exclamaciones e insultos verbales, mientras que los hombres usan otras. El límite entre este modo de expresión motivado por el género es definido con tanta rigidez que si, por ejemplo, un hombre utilizara un patrón lingüístico característico de las mujeres podría producirse el ostracismo social.

Una de las opciones de la comunicación a disposición exclusiva de las mujeres en esta cultura es la del llanto armónico, que no debe confundirse con el llanto emocional, común a ambos sexos. En tanto sistema de lenguaje, este tipo de llanto contiene verdaderos juicios llorados, mensajes no hablados ni gesticulados, sino transmitidos a través de la rica emocionalidad visual y sonora de las lágrimas. Es un tipo de lenguaje poético o musical con su propia sintaxis, gramática y vocabulario.

Tras la boda de una hija, por ejemplo, la madre comunica a través del llanto armónico su tristeza y su alegría respecto del futuro de esa mujer joven que se muda a la aldea de su nuevo marido. En realidad, ésta es la única forma de comunicación que se emplea.

Cuando cada una de las mujeres de la aldea se despide de los recién casados, la novia saluda a cada mujer llorando sobre sus hombros. Luego, sentadas, se abrazan unas a otras llorando juntas alternadamente y en armonía de cinco a quince minutos, según el grado de intimidad. Siempre la primera que abandona es la mujer mayor, que persuade a la novia de que haga lo mismo. La novia resistirá esa advertencia y continuará llorando y, por tanto, demostrando su afecto y respeto.

Raramente este llanto es caótico y desorganizado. Cada enunciado llorado tiene su propia estructura y mensaje, que se completa con un estribillo construido con el término con que es costumbre dirigirse a esa persona: tía, abuela, mujer de un hermano, hermana de un amigo. Es típico que la mujer joven exprese en tono de lamento sus disculpas por no haber sido más obediente o quizá llore de humildad por transgresiones del pasado y pida perdón. Ruega que la recuerden siempre en la aldea y oye en cambio un coro que le asegura que no la olvidarán.

Mientras tanto, a los hombres no se les permite el llanto armónico, pero pueden llorar en silencio, movidos por este espectáculo de amor y de pérdida. Comunican sus sentimientos pidiendo con calma y educación a la mujer que deje de llorar (lo que ella ignora). También le prometen fidelidad, conservar vivos su recuerdo y su espíritu.

Las mujeres se apoyan en esta forma de comunicación toda vez que se producen reuniones y las buenas amigas que han estado separadas reafirman su amor y su lealtad. También se valen de ella cuando han sido agraviadas, en cuyo caso expresan resentimiento a través de sus lágrimas y lamentos.

## Nguch y *angustia*

A partir de los ejemplos anteriores se puede apreciar que el llanto no constituye un lenguaje aislado, sino que está ligado a las costumbres de la lengua verbal. En función de los nombres que se dan para describir estados internos de sentimiento, podrían encontrarse respuestas muy diferentes. El llanto tiene lugar, pues, cuando una cultura particular define una emoción de tal suerte que la experiencia que se tiene es más bien de tristeza o de vergüenza que de fatiga o cólera.

Imagina, por ejemplo, que en medio de un apasionado discurso en el que hablas de todo corazón, alguien te interrumpe para hacer notar que estás mal informado, extraviado y que eres un perfecto estúpido. En cualquier cultura del mundo es probable que se produzca cierta activación fisiológica en el interior del cuerpo del hablante así interrumpido. El factor clave aquí es cómo denominar al sentimiento que experimentas. Un asiático sentiría vergüenza y agacharía la cabeza en señal de humillación. Un latino tal vez describiera como cólera lo que siente y, por tanto, generaría una respuesta indignada. Toda cultura enseña a sus miembros a asociar palabras particulares con los sentimientos correspondientes y, por tanto, programa respuestas socialmente aprobadas.

El antropólogo Robert Levy demuestra la manera en que las normas de una cultura particular regulan la expresión del sentimiento con el caso de la manera en que los tahitianos etiquetan su experiencia. En Tahití, lo mismo que en nuestra cultura, la gente experimenta estados de dolor, tristeza, depresión y soledad, que son las condiciones emocionales que habitualmente asociamos al llanto. Sin embargo, describen estas experiencias como semejantes a un tipo de fatiga o enfermedad corporal y no a una depresión psicológica. Puesto que los tahitianos definen de esta suerte sus sentimientos, no sienten proclividad al llanto en respuesta a las mismas cosas que nosotros.

Podemos aprender mucho de una cultura dada por la cantidad de palabras que emplea para describir sentimientos específicos. Por ejemplo, hay culturas que carecen en absoluto de palabra para la culpa o la vergüenza, lo que significa que sus miembros nunca derraman lágrimas de humillación. No obstante, en nuestro mundo tenemos una multitud de opciones para describir lo que se experimenta comúnmente como vergonzoso, embarazoso, ridículo, oprobioso, deshonroso; podemos sentirnos culpables, confundidos, mortificados, humillados... A pesar de tantas palabras para describir este sentimiento, no es arriesgado afirmar que el llanto es una respuesta común.

Muchas veces los antropólogos han mostrado desconcierto a la hora de explicar por qué en ciertas culturas la gente no llora en respuesta a las mismas cosas que nosotros. La respuesta a este misterio parece hallarse en la presencia o ausencia de palabras particulares que se incluyan como partes de las pautas de pensamiento y de lengua. La antropóloga Catherine Lutz, tras sus estudios de campo entre los ifaluk del Pacífico Sur, ha observado un único vocabulario para describir sentimientos coherentes con sus valores. La palabra *nguch,* traducida aproximadamente como cansado o aburrido, no tiene equivalente exacto en inglés. Lutz cita ejemplos de su uso: una mujer que está *nguch* de todas las personas que piden cigarrillos; una mujer que dijo que estaba *nguch* después de trabajar todo el día en la preparación de la comida: «si fuera niña, lloraría»; de dos mujeres a las que se había oído cantar canciones de amor mientras caminaban se dijo que hacían eso para que su *nguch* las abandonara.

Tras un detallado análisis lingüístico del uso de esta palabra, Lutz concluye que para poder comprenderla y usarla emocionalmente de manera adecuada hay que asumir una actitud ifaluk ante el mundo. En nuestra cultura no lloramos por *nguch* porque el concepto nos es desconocido, lo que no significa que no experimentemos sentimientos de fastidio, apatía o que estemos hartos y cansados de algo.

Otro ejemplo es la palabra alemana *angst,* que ha invadido nuestros vocabularios psicológicamente sofisticados. Introducida por los filósofos existencialistas, *angst* tampoco tiene equivalente directo en inglés. Se asemeja a temer, o un tipo de ansiedad en flotación libre que descubre el núcleo mismo del ser humano y nos enfrenta a nuestra soledad esencial. Prescindiendo de las ilusiones que mantengamos y de todo el esfuerzo que hagamos para tomar contacto con los otros, nadie puede meterse nunca en nuestra piel y conocer nuestras vivencias.

Esta separación motivada por la *angst* se ve magnificada por la percepción de nuestra muerte inminente. Si no es en ese mismo instante, en un instante futuro no demasiado lejano, tu corazón cesará de latir para siempe. Pensar en esto, o peor aún, sentir tu frágil y solitario lugar en la Tierra, es desalentador, cuando no terrorífico. Esto es *angst,* la ansiedad con la que vivimos como parte del ser humano.

Aun cuando no dispongas en tu vocabulario emocional de una palabra para *angst,* los sentimientos acechan debajo de la superficie. Sin embargo, el lenguaje de la emoción es el que trae estos sentimientos a la conciencia, el que les da significado. Las lágrimas que resultan de esta conciencia, ya surjan de la culpa, el *nguch* o la *angst,* tienen lugar en un contexto cultural. No hemos nacido con la tendencia a llorar en esos momentos particulares; la cuidadosa educación de los padres y de otras personas nos han enseñado a reaccionar en casi todas las circunstancias.

## CULTURAS CORPORATIVAS Y PROFESIONALES

La definición de cultura no sólo comprende las normas existentes en el seno de un grupo geográfico, religioso o racial particular, sino también los que existen en cualquier medio en que se hayan establecido pautas de llanto. Cuándo, dónde y cómo llora la gente depende no sólo de su pertenencia étnica, sino también de la clase social, las condiciones económicas y la afiliación profesional. Significa muy poco hablar de las maneras en que tienden a llorar los norteamericanos de origen irlandés, los de origen africano o los de origen italiano, a menos que tengamos en cuenta otras variables significativas.

En Estados Unidos, un elemento de predicción mucho mejor de la conducta de llanto no es el trasfondo cultural o religioso, sino más bien la clase social, educación y ocupación. Cuanto más educado seas, más flexible será tu definición de tu rol genérico, mayor será el papel de las personas en tu trabajo y con mayor probabilidad llorarás en respuesta a una mayor variedad de situaciones.

Hay normas culturales para llorar que se originan en tus creencias religiosas. Las corporaciones tienen sus culturas propias y características. Incluso tu familia tiene una cultura o un conjunto de reglas acerca de lo socialmente adecuado y de lo inaceptable.

También hay un contexto cultural relativo a diversas profesiones y ámbitos. Los psicoterapeutas lloran; y mucho. Los ingenieros, no. Los agentes de bolsa no lloran, aunque a menudo se sienten como si lloraran. Los camioneros no lloran (excepto en las canciones *country* y *western*). Los soldados en general no lloran, a menos que lleguen a un lugar prominente en que les esté permitido hacerlo en nombre de todos los otros que lo harían de buena gana. Las enfermeras lloran. Las enfermeras tienen que llorar para sobrellevar el dolor al que tan próximas se encuentran. Sin embargo, los médicos raramente lloran. Se aíslan del dolor, tanto del propio como del de sus pacientes.

Además de tu ámbito laboral, hay otras fuerzas culturales que operan concertadamente para dar forma al cuándo y al cómo respondes emocionalmente a cualquier acontecimiento de tu vida. Por ejemplo, acabas de abrir una carta que te transmite malas noticias, horribles noticias, en realidad. Te sientes devastado. Puedes sentir que te ahogas, los ojos llenos de lágrimas, todo lo cual sucede en unos pocos segundos, sin ninguna intención consciente. En ese momento, ¿te permitirás llorar, o no? Y en caso afirmativo, ¿cuánta libertad te concederás para dejarte ir?

Las respuestas a estas preguntas dependen de dónde te encuentres y de quién esté contigo. Hay normas culturales para restaurantes que difieren de las normas para la oficina, la casa de tus padres, los brazos de tu cónyuge o la soledad de tu dormitorio. Además, puedes oír voces y ver imágenes del pasado que influyen en lo que haces. Tus padres te transmitieron claros mensajes en lo tocante a cuándo creían que era adecuado que lloraras y cuándo no. Hay reglas establecidas por tu círculo de amigos y de compañeros de trabajo, políticas que se fueron estableciendo a lo largo del tiempo. El cine y los espectáculos televisivos también proporcionan modelos de esta conducta. Toda nuestra vida hemos estado adoctrinados por patrones que orientan nuestras elecciones de cómo responder.

Así, hete allí listo para llorar, con deseos de llorar, con necesidad de llorar, pero antes miras a tu alrededor para ver dónde te encuentras. Tienes incluso pantallazos retrospectivos de quienes recuerdas haber visto en dificultades semejantes. En un instante tu cerebro calcula los riesgos y los beneficios potenciales de dejarte ir. Las lágrimas aguardan pacientemente: «¿Así que nos quedaremos aquí todo el día sentadas? ¿Nos necesitarás o no?».

Las normas culturales del llorar, ya sea que las establezca la sociedad, una tribu o una familia, nos guían (para usar una palabra suave) en nuestra conducta. Una cultura particular dicta reglas acerca de cómo las emociones pueden reprimirse o expresarse. Esas normas no sólo se refieren al modo particular de comunicación —esto es, que la tristeza derive en estoicismo o en lágrimas—, sino más profundamente a qué sentimientos se experimentan en realidad.

Lo que todo esto significa es que para que el llanto sea socialmente más aceptable es menester continuar redefiniendo lo que significa ser fuerte y competente. La visión obsoleta de fortaleza en el molde de la represión emocional está tocando a su fin. Te rodean evidencias acerca de roles de género más flexibles y andróginos, una mezcla de culturas diferentes, que permiten a los varones ser más lacrimosos cuando escogen serlo, y a las mujeres elegir otros roles menos vulnerables.

Una de las imágenes más elocuentes del día siguiente del supuesto «juicio del siglo» fue una conferencia de prensa en la que los acusadores de O. J. Simpson enfrentaban a los periodistas. Allí estaban Marcia Clark, la mujer y madre, estoica y contenida, mientras que las lágrimas ahogaban a su compañero Chris

Darden, varón afroamericano. Evidencia aún más sorprendente del cambio de las reglas relativas a las lágrimas en nuestra cultura, el público juzgó favorablemente a Darden por mostrar tan auténticamente sus sentimientos.

A pesar de las tendencias de diversos pueblos a reaccionar con lágrimas de modo uniforme, las variaciones que presenta esta conducta son tremendas. Es un error generalizar en demasía y afirmar que, puesto que alguien es miembro de una cultura particular, es proclive a llorar de modos particulares. En realidad, a menudo las diferencias entre miembros de la misma cultura son mayores que las existentes entre culturas diferentes.

Es difícil, cuando no directamente decepcionante, contemplar la conducta de llanto sin tener en cuenta las microculturas que se dan en el seno de hogares, regiones, comunidades y géneros. Más que ninguna otra variable, la que dicta cómo y cuándo es probable que llores es el que seas varón o mujer.

# 6

## Las mujeres y las lágrimas

Las mujeres son mucho más fluidas que los hombres en el lenguaje de las lágrimas. Son emocionalmente mucho más expresivas, es mucho más probable que lloren y que, cuando lloran, lo hagan durante más tiempo.

Los rostros femeninos son más expresivos que los masculinos. Son más hábiles en el envío de mensajes no verbales susceptibles de ser correctamente interpretados y exhiben más cantidad de señales y con mayor frecuencia que los hombres. Las mujeres también son más hábiles para detectar otros sentimientos interiores de la gente a partir de señales sociales limitadas. Estas características no sólo tienen relación con la expresividad facial no verbal, sino que cuando al cuadro se agregan la voz y las palabras, la superioridad de la comunicación femenina es todavía más notable.

Los bebés de ambos sexos parten de bases iguales, con aproximadamente la misma capacidad para leer y expresar emociones. Pero ya en la guardería las niñas muestran una pequeña ventaja sobre los varones en este aspecto, y con el tiempo la diferencia se hace cada vez mayor. Lo interesante es que tal vez no sea el resultado de un mejoramiento de la expresión emocional en las niñas, sino más bien de un empeoramiento en los varones. A través del proceso biológico y del de introyección cultural que comienza en su más tierna infancia, las capacidades de los varones se atrofian con el tiempo.

En este capítulo y el siguiente examinaremos algunas de las diferencias entre las maneras en que hombres y mujeres se expresan mediante las lágrimas, así como las razones que explican estos dialectos distintos. En ello intervienen factores de orden genético, bioquímico, hormonal y neurológico, pero no es menos importante el papel que desempeñan las influencias sociales y culturales.

## DIFERENCIAS DE GÉNERO

Algunas de las cosas que sabemos sobre las diferencias de género que afectan al llanto son:

- Que las niñas son más precoces que los varones en la disposición a verbalizar el lenguaje y que es mayor su dominio de las complejidades de la comunicación no verbal.
- Que en su primera infancia los varones son más expresivos, tanto en el lenguaje no verbal como en la conducta en su conjunto, lo que obliga a los padres a ejercer mayor control para apagar esa intensidad, y a las niñas a amplificar sus sentimientos para ser escuchadas.
- Que la socialización de los padres modela a las niñas para que exterioricen sus sentimientos y a los varones para que los interioricen, para que «se porten como un hombre».
- Los varones juegan en grupos más grandes y más competitivos que las niñas y en los grupos masculinos la burla, la crítica y el estatus prevalecen sobre la cooperación y la expresividad emocional.
- Las niñas aprenden a expresar sentimientos con palabras, lágrimas y gestos; los varones aprenden a expresarse a través de la acción conductual.

- Los hombres expresan sentimientos relacionados primariamente con la autonomía y la separación (orgullo, cólera, honor), mientras que las mujeres expresan sentimientos relacionados con el vínculo social (culpa, vergüenza, tristeza, piedad, temor).
- Tanto física como bioquímicamente, las mujeres están mejor equipadas para llorar, no sólo por la conformación de sus conductos lacrimales, sino también en lo que respecta al «combustible» hormonal que posibilita el llanto.

Cada uno de estos puntos confirma lo que ya sabíamos: que las diferencias de género en el llanto son evidentes, significativas y contrastantes. El llanto es mejor medio de adaptación para las mujeres, mientras que para los varones el recurso más probable para procurarse lo que desean es la cólera. Históricamente, cada género desempeña un papel diferente en la sociedad y, en consecuencia, requiere distintos instrumentos para satisfacer sus necesidades.

Sin embargo, al analizar las diferencias de género en relación con el llanto, hemos de ser conscientes del impacto que el feminismo ha ejercido en estos últimos años como contraposición a la influencia de la dominación de los valores masculinos en nuestra cultura. A pesar de que en gran parte esta atención a las diferencias entre lo masculino y lo femenino en los estilos de comunicación ha sido constructiva, lo políticamente correcto ha terminado por ser la glorificación de todo lo femenino y la denigración de todo lo masculino.

Por ejemplo, en un artículo publicado en *Psychology Today*, se escogían las diferencias de género en el humor, con resultados predecibles. Se describía el humor de los hombres como agresivo, hostil, sarcástico, engañoso, desconfiado, negativo y que hace sentirse bien a unas personas a expensas de otras. El humor de las mujeres, por su parte, se describe como síntesis de maravillas: cooperativo, atento, poderoso y positivo, que reúne a las personas y las hace sentirse buenas. Por supuesto, esta observación no carece de cierto fundamento, sobre todo cuando se compara con el estilo colérico, sexista y racista de muchos chistes masculinos con los preferidos de las mujeres.

Pero hay una tendencia a exagerar las diferencias, como si —para parafrasear el título de un best seller— las mujeres descendieran realmente de Venus y los hombres de Marte, como si fueran razas separadas originarias de planetas distintos. Si bien la teoría feminista ha contribuido a fortalecer a las mujeres en un mundo dominado por valores patriarcales, ha llevado más a una mayor división y tensión que a una comprensión mutua. Hace poco oí por casualidad en una comida que una mujer le decía a otra que todos los hombres son mentirosos. Cuando sugerí que tal vez exagerara, que sin duda las mujeres mienten tanto como los hombres, me acusó de estar a la defensiva. ¡Y eran amigas mías!

Al hablar del incremento del conflicto y la tensión entre los géneros que han provocado el énfasis en las diferencias y los cambios en el poder, Diana Trilling observa lo siguiente: «Vivimos en un mundo bañado en la sangre de la hostilidad entre grupos raciales y religiosos, entre grupos étnicos y nacionales. A estas lamentables separaciones entre la gente, añadimos ahora otra división: la separación en sexos».

Con esta advertencia en la mente, se impone cierta cautela en mi tratamiento del tema del llanto como característica genérica distintiva. A pesar de que hay sin duda diferencias anatómicas y conductuales entre hombres y mujeres, compartimos nuestra humanidad. Aunque las mujeres tienen probada superioridad en ciertos campos (la coordinación motriz fina, las habilidades verbales, la sensibilidad emocional) y los hombres en otros (fuerza física y velocidad, habilidades cuantitativas), nos parecemos más que nos diferenciamos.

Es posible que a las mujeres se las vea llorar más, pero todos nos sentimos como si lloráramos más o menos la misma cantidad de veces. La educación de género es la que nos moldea para que nos expresemos de maneras particulares.

## Lenguajes únicos de hombres y mujeres

Los niños y las niñas operan según reglas diferentes a la hora de expresar emociones. Un ejemplo de ello es que los varones expresan el miedo abiertamente en forma de cólera, con ferocidad y agresividad, mientras que las mujeres se inclinan más a volcar el miedo hacia dentro y a producir lágrimas. Los varones aprenden a ocultar sus sufrimientos, mientras que las mujeres tienden a expresarlos. Dados los roles tradicionales de género, cada una de estas estrategias es adaptativa a su manera.

En estudios de diferencias de género relativas a la expresión emocional se confirma lo que es obvio: que de las mujeres se espera que repriman su cólera; de lo contrario, se las etiquetaría como histéricas e hiperemotivas. John Nicholson informa de una investigación en la que se presentaron a los médicos los mismos síntomas procedentes de pacientes de sexo masculino y de sexo femenino. Era mucho más probable que los médicos diagnosticaran que las quejas de las mujeres eran de origen psicosomático, mientras que de los hombres pensaban que tenían problemas «reales». La probabilidad de que se identifiquen problemas emocionales neuróticos en las mujeres es doble que en los varones, y más de los dos tercios de las personas que acuden a los servicios de psicoterapia son mujeres. Lo interesante es que esto no se debe necesariamente a una mayor inestabilidad emocional, sino a una tendencia a mostrar más lo que sienten. Nuestra cultura, dominada tradicionalmente por normas patriarcales, no valoriza las cualidades femeninas de expresividad emocional. Esta conducta se etiqueta como histérica y neurótica. Y el que nuestra sociedad premie la contención emocional no indica necesariamente que sea una estrategia saludable.

Puesto que las mujeres han sido socialmente condicionadas para que no reaccionen agresivamente cuando sienten miedo o se sienten heridas, la frustración se expresa más a menudo en lágrimas. Sin embargo, el llanto no es meramente agresión desplazada ni cólera vuelta hacia dentro: es la manifestación de la profundidad y vigor de los sentimientos. Es una petición sincera de comprensión.

### Verdadera conversación

Las estudiosas feministas como Mary Belenky escriben acerca de las maneras distintivamente femeninas de relacionarse con el mundo. Esta autora describe como «conversación didáctica» la manera típicamente masculina de comunicarse, en que los interlocutores no comparten ideas, sino que cada uno «sostiene» las suyas. El objetivo de ese tipo de intercambio es presentarse de la mejor manera posible, explicar, ilustrar, persuadir, influir, halagar. Por el contrario, la «verdadera conversación» implica un nivel profundo de coparticipación en el que ambos interlocutores se sienten escuchados y comprendidos, se ayudan mutuamente a explorar ideas, a construir sobre ellas y a desarrollarlas. Naturalmente, en esto consiste la psicoterapia, esa experiencia tan rara por cuyo privilegio la gente está dispuesta a pagar grandes cantidades de dinero.

Incluso en el empleo del lenguaje verbal son significativas las diferencias entre géneros. Cuando los hombres usan el pronombre nosotros, suelen hacerlo en el sentido excluyente de «nosotros a diferencia de ellos», como en «nosotros tenemos razón y ellos están equivocados». «Las mujeres, por otro lado, normalmente emplean nosotros para referirse a «todos nosotros, sin exclusiones», lo que crea conexiones e intimidad entre las personas.

Así como la voz en que se expresa una mujer es diferente de la voz en que se expresa un hombre, también son diferentes sus lágrimas respectivas. Una oficinista describe la dificultad para recortar su naturaleza emocional en un mundo dominado por los hombres en el que mostrar emoción tiene consecuencias desastrosas.

> Cuando lloro, mis capacidades mentales no se detienen, aunque a algunas personas pudiera parecerles que sí. Busco una manera de explicar lo que siento, pero en ese momento no me sale palabra alguna. Estoy hecha nudos.
>
> Cuanto más lucho contra el impulso de llorar, más probable es que las lágrimas salgan a la luz. Sé que apenas comience seré despreciada, sobre todo por los hombres. Pierdo toda credibilidad.
>
> Si lloro, quiere decir que he fracasado con las palabras. Estoy fuera de control, soy una mujer débil, impotente y vulnerable, incapaz de expresarse.

En su libro *The Managed Heart,* Arlie Hochschild explica que, en ausencia de otras opciones, «las mujeres convierten el sentimiento en un recurso y lo ofrecen a los hombres como regalo a cambio de los recursos más materiales de que carecen». Por ofensivo que parezca, la autora cita las desventajas económicas que las mujeres han sufrido a lo largo de la historia. Incluso hoy, en nuestra época supuestamente ilustrada de igualdad de géneros, se paga en general a los hombres más que a las mujeres por contribuciones idénticas. En consecuencia, Hochschild describe el sentimiento como el trabajo primordial de las mujeres. Ellas son las que cuidan de las emociones y las gestoras de las relaciones. Como bien sabe cualquier psicoterapeuta de parejas, la inmensa mayoría de las veces que una pareja solicita la entrevista inicial, la mujer es quien establece el contacto. Puesto que la mayoría de los pacientes que buscan consejo son mujeres, también es claro que muchas asisten a sesiones en nombre de sus maridos, parejas, hijos y padres.

En la investigación reciente acerca de lo que produce matrimonios felices se ha observado que uno de los factores más frecuentes es que la mujer asume el papel de guardiana emocional. Cuando ella se harta de ser siempre la que inicia la conversación, de llevar la relación a un nivel más profundo, el matrimonio corre peligro de naufragar.

La verdadera conversación implica lo mejor de los hombres y las mujeres. Requiere un grado de escucha y de cooperación, respuestas de corazón y un sentimiento de seguridad para pensar o llorar, para asumir riesgos recíprocos en el camino a la intimidad y la comprensión mutua. Sin embargo, los atributos de investigación analítica y debate apasionado, que tradicionalmente corresponden al dominio masculino, también son importantes a la hora de dar sentido a lo que ocurre e impulsar la conversación hacia nuevos niveles.

Los géneros representan polaridades entre el razonamiento y la intuición, el pensamiento y el sentimiento, la cabeza y el corazón. El llanto trasciende cualquier otra experiencia humana. Integra la corteza cerebral, que domina la lógica, con el sistema límbico, asiento de las emociones, en una respuesta humana que lo abarca todo.

El llanto es un lenguaje de verdadera conversación, no sólo de información de tus percepciones y tu experiencia. No sólo es un intento de decir algo, sino que al mismo tiempo pide una respuesta particular que implique tanto la cabeza como el corazón. Cómo se producen exactamente estas respuestas depende sobre todo de los procesos de socialización que tienen lugar en contextos culturales particulares, como hemos visto en el capítulo anterior.

## POR QUÉ LLORAN LAS MUJERES

Hay una discusión ya muy antigua sobre si el factor determinante más significativo de la conducta humana es la genética o el medio. ¿Las mujeres lloran más que los hombres porque están biológicamente mejor equipadas para hacerlo o porque desde muy pequeñas han sido educadas para expresar los sentimientos, mientras que a los hombres se les ha enseñado a reprimirlos?

Seguramente, incluso para los partidarios más apasionados de una u otra teoría, es obvio que en la gran facilidad para llorar que tienen las mujeres participan tanto la cultura como la naturaleza.

### Una visión intercultural

En la mayoría de las culturas del mundo, las mujeres tienden a interiorizar sus sentimientos, mientras que los hombres es más probable que los exterioricen. Las mujeres tienden más a experimentar todo el peso de sus pérdidas y expresarlas a través de las lágrimas. Los hombres montan en cólera con más facilidad. En términos extremos, las mujeres aprenden impotencia, mientras que los hombres aprenden violencia.

En las islas Andaman, cerca de Birmania, por ejemplo, las mujeres se sientan en círculo y sufren a través de sus lágrimas, mientras que los hombres lanzan a voz en cuello feroces maldiciones a los espíritus mientras arrojan flechas en todas las direcciones para expresar su cólera. Entre los indios cubeo del Amazonas, es evidente un estilo similar de contrastes. La viuda doliente del fallecido y otras mujeres de la aldea acarician el cadáver y lloran libremente. Los hombres cargan sus armas y, en pie, rodean el cadáver. Luego, mientras profieren gritos y amenazas de venganza contra enemigos reales o imaginarios, disparan sus armas al aire. Naturalmente, así es como empiezan las guerras.

En un análisis ulterior de las influencias culturales sobre las diferencias genéticas, observamos que a menudo las mujeres logran ciertos estatus sobre la base de lo bien que lloran, mientras que los hombres los consiguen demostrando su capacidad para contener las lágrimas. En Filipinas, Roy Barton observó grandes contrastes entre los ifugao: «Una pariente, al llegar por primera vez junto al muerto, llorará ininterrumpidamente, en general cubriéndose la cabeza con la manta, y es probable que a ese llanto se unan otras parientes presentes. A veces las mujeres se arañan la cara hasta sangrar... Los hombres no lloran, pero a veces se hacen tajos en la cabeza y el cuerpo con bolos, sobre todo si quien ha muerto es un hijo».

En diversas regiones de África o del Pacífico Sur, o entre pueblos nativos de nuestro continente, cuanto más copiosamente llore una mujer, cuanto más dramáticamente se lamente, más capaz será de ganar simpatía y de demostrar su amor por el muerto. Por el contrario, los hombres de estas culturas, como los de la nuestra, demuestran su fortaleza mediante la represión de toda manifestación de emoción.

*Determinantes biológicos*

El condicionamiento cultural por sí mismo no explica la escisión a menudo muy amplia entre los géneros en lo tocante a la manera de reaccionar emocionalmente. También hay diferencias biológicas muy reales, sobre todo respecto de la fisiología, las funciones endocrinas y la química cerebral.

Las nuevas tecnologías, como la imagen funcional por resonancia magnética funcional y la tomografía por emisión de positrón han permitido a los investigadores observar los cambios electroquímicos y de temperatura en el cerebro durante diversas tareas, como la resolución de problemas matemáticos o el reconocimiento de señales emocionales. En una serie de estudios sobre diferencias sexuales motivadas por sus propias anomalías temperamentales, el equipo de marido y mujer formado por Bennett y Sally Shaywitz encontró que así como hombres y mujeres son igualmente capaces de reconocer la felicidad cuando la ven, la tristeza es harina de otro costal. Las mujeres son capaces de identificar la tristeza en el rostro en un 90 % de las veces. Lo interesante es que los hombres pueden ser igualmente eficaces para leer el rostro de otros hombres, pero sólo llegan al 70 % de acierto cuando se trata de reconocer la tristeza en las mujeres. La teoría evolucionista explica esto como resultado de una mayor necesidad de los hombres de anticipar las reacciones de los competidores que de leer las respuestas de sus parejas.

No hay nada sorprendente en esta diferencia de rendimiento, puesto que durante siglos las mujeres se han quejado de que los hombres son emocionalmente insensibles a sus necesidades, de que no quieren (¿o no pueden?) decir cuándo se sienten tristes y de que son incapaces de interpretar su lenguaje de lágrimas. Lo que estos nuevos estudios neurológicos han revelado es que parece haber varias diferencias biológicas entre los sexos en la anatomía y la fisiología del cerebro. Por ejemplo, las mujeres tienen más volumen en el *corpus callosum* —el puente entre los dos hemisferios cerebrales—, lo que facilita la comunicación y el lenguaje. Cuando las mujeres descifran reacciones emocionales, su sistema límbico es menos activo que el de los hombres entregados a la misma tarea. En otras palabras, el cerebro de los hombres tiene que trabajar mucho más cuando descodifica respuestas emocionales.

Por otro lado, cuando se pide a la gente que recuerde momentos de llanto, el sistema límbico es activado ocho veces más en las mujeres que en los varones. Esto puede ofrecer una razón incuestionable de por qué las mujeres son mucho más susceptibles que los hombres a la depresión y por qué es más probable que lloren.

De esta reciente eclosión de datos neurológicos podríamos concluir que las diferencias de género en la experiencia y la expresión emocionales puede estar determinada tanto por el cerebro como por nuestra educación cultural. Para los hombres es más difícil llorar, así como responder al llanto de otros, porque su equipamiento para ello es inferior al de las mujeres. Así como el cerebro de los hombres funciona mejor para el lenguaje de tareas cuantitativas o conductas agresivas, el lenguaje de las lágrimas y su subyacente sensibilidad emocional cae en la provincia de las fuerzas neurológicas femeninas.

No sólo en la química cerebral hay diferencias que predisponen a los hombres a encolerizarse y a las mujeres a llorar, sino también en los niveles hormonales. Así como se sabe que los hombres tienen mayores concentraciones de testosterona, que se asocian a la cólera y la hostilidad explosivas, los niveles más altos de prolactina en las mujeres, la hormona necesaria para la producción de leche, explican la mayor estimulación del llanto en éstas. Como hemos explorado en el tercer capítulo, las mujeres tienen más necesidad de excretar el exceso de prolactina, que probablemente sea perjudicial para el organismo en dosis más altas. Además de dar el pecho, una de las maneras más directas de satisfacer esa necesidad es llorar. Lo que confirma ampliamente esta teoría es que las mujeres mayores no lloran tan a menudo e incluso son proclives a una condición denominada síndrome de ojos secos porque no producen suficientes lágrimas una vez que pasan la menopausia y se detiene la producción de prolactina.

También es bien sabido que el ciclo menstrual desempeña un papel reductor del umbral de lágrimas en determinados momentos del mes. Ciertos estudios han indicado que la frecuencia del llanto en las mujeres durante este período aumenta ¡cinco veces!

Estas diferencias biológicas se combinan al ponerse de manifiesto en la vida cotidiana. Pregúntate qué valoran las mujeres cuando se comparan con los hombres. Una distinción fundamental, consistente en nuestros imperativos biológicos, es que las mujeres se orientan más a la relación, mientras que a los hombres les preocupan más los aspectos relativos a la productividad. Los hombres se interesan por los objetivos; las mujeres, por los procesos. Se sabe que los hombres son más competitivos, mientras que las mujeres funcionan de modo más cooperativo. En cada uno de estos casos, el llanto es el lenguaje más útil para la gente interesada en comunicarse en el seno de relaciones cooperativas y orientadas a los procesos. Por esta razón las lágrimas se encuentran primordialmente en la esfera de la experiencia femenina.

Por ejemplo, dos profesionales enormemente competitivos, un hombre, entrenador de fútbol, y una mujer, entrenadora de baloncesto, analizan sus explosivas reacciones al enterarse de que uno de los integrantes de su equipo está implicado en un escándalo de drogas. El entrenador masculino informa de que sus primeras sensaciones fueron de traición y de cólera: «¡Cómo pudo traicionarme de esa manera! ¡Cómo pudo traicionar así al equipo!». Esta reacción más mesurada fue precedida por una explosión emocional de proporciones espectaculares, que obligó a algunos miembros del personal a escapar para protegerse.

Enfrentada a idénticas circunstancias, la primera reacción de la entrenadora fue de dolor. Con lágrimas en los ojos, habló de su decepción. Pero también de su preocupación por la atleta cuya vida se hundía. Ambos entrenadores se hallan en campos sumamente competitivos; sus puestos peligran como consecuencia de estos escándalos. Sin embargo, sus respectivas reacciones emocionales ante la situación están mucho más determinadas por sus predisposiciones biológicas. No se trata de que una respuesta sea necesariamente más efectiva que la otra; cada una comunica decepción de manera diferente, en un estilo que, al menos históricamente, ha sido distintivamente masculino o femenino. En las últimas décadas, sin embargo, los papeles genéricos se han vuelto cada vez más confusos.

## LOS DOS MUNDOS DE LAS MUJERES PROFESIONALES

A medida que los hombres son cada vez más expresivos y las mujeres asumen más roles masculinos tradicionales, como los de ganarse el pan, ser cabeza de familia, jefas de oficina o pilotos de guerra, se está produciendo una mezcla de papeles. La androginia se refiere a las mejores partes de los rasgos masculinos y femeninos, es decir, a la persona que es al mismo tiempo fuerte y sensible, firme y empática, valiente y vulnerable.

En sus esfuerzos para obtener aceptación y respeto en un mundo de valores masculinos, muchas mujeres profesionales que han entrado al mundo del trabajo como cirujanas, ingenieras, abogadas y políticas, han abandonado los rasgos femeninos estereotípicos, incluso la capacidad para llorar. Una médica describe esto como una suerte de castración de su feminidad:

> La facultad de medicina destruyó todo lo suave que había en mí y que yo tanto quería. Para triunfar, o mejor aún, para destacarme como una de las pocas mujeres en este medio, tuve que actuar como un hombre.
>
> Nunca olvidaré cuando, en una tercera rotación anual, me enviaron a tomar las constantes vitales de una enferma de cáncer. La vi acostada en la cama, calva, flaca, con montones de tubos por todas partes, y me dio una gran pena. Después de tomarle la presión, le cogí la mano en la mía y lloramos juntas. Fue tan emocionante... hasta que el residente irrumpió y quiso saber qué diablos sucedía: «¿Y tú quieres ser médica? —dijo en tono sacrcástico—. Si vas a cagarte de esa manera, ¿por qué no te limitas a ser enfermera?».
>
> Fue la última vez que lloré abiertamente por un paciente. En realidad, ahora que lo pienso, casi no volví a llorar por nada.

El precio que han pagado las mujeres por prosperar en las profesiones dominadas por hombres ha sido el sacrificio de su feminidad esencial. Usan trajes a imitación del guardarropa masculino, que completan con corbatas. Adoptan estilos de comunicación tradicionalmente masculinos en los que se pone el énfasis más en los objetivos que en los procesos. Han eliminado las lágrimas para dar paso a rasgos masculinos más agresivos, que les son más útiles en el trabajo.

Mientras que en la temprana adolescencia se enseñó a las niñas que el llanto no comprometería su estatus a los ojos de los demás y que muchas veces incluso obtendrían el beneficio de ser rescatadas, una vez adultas muchas se vieron obligadas a aprender un rol sexual más masculino, que es el que predomina en el mundo empresarial. Cuando has sido humillada, atacada o estás decepcionada o triste por algo que acaba de ocurrir en una reunión de directivos, puedes sentirte como si lloraras, pero, si quieres conservar tu empleo, está descartado el echarse a llorar a lágrima viva.

*En casa*

Cassie es madre de dos niñas de escuela elemental y mujer de un constructor. Ella se considera muy dedicada a esos dos roles femeninos tradicionales. Goza cuidando de sus seres queridos y aprecia sobre todo el comienzo del día, cuando lanza su familia al mundo. Esta mañana en particular, Cassie entra en la habitación de sus hijas para despertarlas y descubre los restos de un desastre ocurrido la noche anterior. Aparentemente, las niñas habían decidido redecorar su habitación con espléndidos dibujos a lápiz de color sobre las paredes. Mientras, atónita, trataba de imaginar cómo se las habían arreglado para salpicar de color incluso el cielo raso, también advirtió que hasta la puerta había sido mutilada por alguna visión artística que a ella se le escapaba. La conmoción, la confusión, la frustración, la rabia y la decepción de Cassie crecieron de tal manera en su corazón que las lágrimas comenzaron a rodarle por las mejillas.

En el momento que se había recuperado lo suficiente como para despertar a las niñas y averiguar qué pasaba, entró en escena el marido de Cassie y le preguntó cómo había podido permitir que las niñas quedaran sin vigilancia la noche anterior, mientras él trabajaba hasta tarde. ¡Oh, entonces era culpa suya! Sin duda.

Cassie salió de la habitación como una estampida, otra vez llorando, y se encerró en el cuarto de baño para recuperar la compostura. Llegaría tarde al trabajo si no se daba prisa. Sin embargo, se tomó uno o dos instantes para mirar su reflejo en el espejo. Observó los restos de lágrimas que se secaban en sus mejillas como si fueran una sustancia extraña que no le perteneciera. En cierto modo, esas lágrimas habían brotado de los ojos de otra persona.

## En el trabajo

Además de ser esposa y madre, Cassie trabaja en un mundo predominantemente masculino. Es la litigante principal de un prestigioso despacho jurídico. En realidad, es una de las tres únicas abogadas del edificio y la única con el estatus de socia. Además, ha escogido como especialidad el terreno eminente de la agresión masculina: la lucha en el juicio.

Esta misma mujer, que horas antes lloraba de frustración e impotencia en sus roles femeninos como esposa y como madre, escuchaba, atenta y severa, a un grupo de colegas que le discutían su manera de llevar un caso. Lo mismo que con sus hijas, se sintió presa en una emboscada. Lo mismo que con su marido, se sintió injustamente acusada. Sin embargo, esta vez no sólo había frialdad en sus ojos, sino acero en su corazón. Si hubieras abordado a Cassie en ese momento y le hubieras preguntado qué sentía por dentro, esta mujer, tan expresiva de sus emociones en su casa, te habría observado con fingida diversión y una mirada que habría dejado paralizados a los propios jueces, para contestar la pura verdad: «¿Por qué? No siento nada».

Al igual que tantas mujeres que deben actuar en un escenario dominado por valores masculinos de poder y control, Cassie avanza a caballo entre los mundos de ambos géneros. De día, es absolutamente impensable que ponga de manifiesto cualquier emoción fuera de las calculadas para provocar una ventaja particular en sus argumentos. Sin embargo, cuando está en su casa, un cambio en el cerebro le permite libertad para la expresión emocional, incluso fluidez en el lenguaje de las lágrimas, completamente lo contrario de su estilo depredador en la sala del tribunal.

Al comienzo, esta diferencia entre mis dos yos me preocupó mucho. Noté los cambios tan pronto como empecé la facultad de derecho. Tenía en esa época un novio celoso que esperaba total obediencia de mi parte. Le gustaba que llorara y fuera emotiva; entonces se sentía más dueño de la situación. Con toda honestidad, no me importaba. Me gustaba que me cuidara.

Luego, en la facultad, fui esta zorra competitiva y asesina. En realidad, yo no era una zorra, simplemente actuaba tal como actuaría un tío de éxito. Era verdaderamente agresiva y dura.

Sin embargo, cuando regresaba a casa me volvía a sentir suave. Siempre me sentí libre para llorar cuando estaba en casa, pero no hubiera soñado con hacer lo propio en mi otra vida.

Cassie conserva separados sus dos mundos y lo hace de manera tal que es capaz de llevar dos vidas. En el trabajo se comunica como el más macho posible de los guerreros; en la casa, habla en el lenguaje de las lágrimas.

De acuerdo con quienes han estudiado las transiciones de las mujeres en el trabajo, el estilo de expresión emocional de Cassie, escindido entre femenino y masculino, no es nada raro. Las mujeres se socializan primariamente en los matices de intimidad en las relaciones. En el mundo del trabajo, y sobre todo en el campo empresarial y de los despachos jurídicos, los valores predominantes son la antítesis de aquellos para los que la mujer está preparada. Las estructuras organizativas son burocráticas, impersonales y autoritarias. Valoran la agresión, la ambición, el poder, la dedicación unilateral a la productividad por encima de las relaciones, y a los objetivos por encima de los procesos. En estas circunstancias, el llanto está fuera de cuestión.

### Cómo salvan el abismo las mujeres

Yo soy llorona. Se lo digo a los tíos en la primera cita que tengo con ellos. Quiero que comprendan que cuando lloro no tienen que sobreactuar ni nada. Simplemente aceptarme. Sin embargo, los espanto. Se enfadan o se sienten frustrados conmigo. Piensan que trato de manipularlos o algo así. ¿Por qué no se dan cuenta los hombres de que las lágrimas no tienen por qué ser una cuestión tan importante?

¿Por qué, en verdad? Cuando esta mujer, Adrian, lamenta cuán sistemáticamente sus lágrimas le crean problemas en sus relaciones, se pregunta por qué este lenguaje presenta una barrera tan grande entre los géneros. Si es que hay alguna diferencia emocional paralela a los contrastes anatómicos entre hombres y mujeres, es la expresión de los sentimientos a través de las lágrimas. Adrian llora libremente y sin vergüenza en una variedad de circunstancias. Le gusta este rasgo de sí misma, aun cuando todavía no ha encontrado ningún hombre que quiera tolerar, y mucho menos apreciar, su naturaleza lacrimógena.

Frustrada y confundida por estos conflictos, Adrian, o cualquier mujer que se encuentre en una situación similar, haría bien en tener en cuenta las siguientes preguntas:

*¿Qué significan para un hombre tus lágrimas que no signifiquen para ti?* En realidad, la gente aporta sus experiencias anteriores a toda situación presente. Cuando alguien se ha sentido utilizado o

manipulado en el pasado, tiende a sospechar en el futuro cuando se encuentra con las mismas circunstancias. Lo cierto es que para cada relato que una mujer puede contar sobre el trato insensible que recibió durante un episodio de llanto, hay una anécdota comparable en que un hombre se sintió víctima de lágrimas manipuladoras. No olvides que casi la mitad de las mujeres están dispuestas a llorar a propósito o a mostrar emoción para conseguir lo que quieren, mientras que sólo el 20 % de los hombres están dispuestos a esa conducta.

*¿Acerca de qué discutís en realidad?* En todo conflicto con intervención de lágrimas es importantísimo hablar abiertamente acerca de las necesidades no satisfechas, hablar sin acusación ni culpa respecto de quién está más en falta, así como de explorar juntos cómo el desacuerdo presente se relaciona con luchas del pasado que se reactivan.

En otras palabras, pregúntate acerca de en qué discrepáis en realidad. Más que centrarte en las lágrimas, o incluso en las emociones que a ellas subyacen, considera el cuadro más amplio. Cuando los hombres y las mujeres hablan diferentes lenguajes de las lágrimas, incapaces de encontrar un fundamento común, tal vez no hayan reconocido y abordado los verdaderos problemas entre ellos.

*¿Cómo se quebró la confianza?* ¿Puedo creer que lo que expresas es sincero, auténtico? ¿Puedo confiar en que eres abierto y honesto? Para sentirme cómoda llorando –estado de extremada vulnerabilidad– es decisivo que haya elevados niveles de confianza. Aunque esto parece completamente obvio a las mujeres, muchos hombres tienen que aprender este principio tan importante.

En el caso de Adrian, hacía un verdadero esfuerzo para sentarse con su amante de turno y explicarle que para ella lo único importante de una relación era sentirse segura. Si no se podía lograr esto, ser capaz de llorar libremente era lo que menos le importaba. Si no te sientes segura para llorar en cualquiera de tus relaciones más íntimas, quizá tengas que considerar la conclusión inevitable, aunque incómoda, de que no te fías plenamente de esas personas.

¿Cómo puedes ayudar a los sentimientos que se esconden tras tus lágrimas a que hablen de otra manera? El llanto es un comienzo, no el punto final de una comunicación profunda. Antes de que la otra persona se encierre en la frustración o huya en la exasperación, comunica al menos que en ese momento preciso es difícil hablar. Mientras, pide lo que necesitas hasta poder expresar tus sentimientos en palabras.

*¿Cómo entran en juego los problemas de poder?* En otro sitio hemos visto cómo pueden emplearse las lágrimas de manera manipuladora para igualar el poder en las relaciones en las que una de las partes se siente abrumada. Pero en esos momentos en que una mujer se siente abrumada, incomprendida o explotada también se producen lágrimas auténticas.

Lo interesante es explorar cómo son las cosas cuando el hombre también se siente impotente. Hemos visto que es más probable que exprese esos sentimientos como cólera que como llanto. No obstante, cuando no se comprenden las lágrimas, cada uno de nosotros se siente impotente, tanto individual como colectivamente. Cada persona busca mayor control sobre el otro.

*¿Qué es lo que os decís precisamente ahora?* Hay un ejercicio cuyo empleo entusiasma mucho a los psicoterapeutas de pareja cuando, en una sesión, los integrantes de una pareja no se escuchan exactamente ni se responden adecuadamente. Se puede pedir a cada uno, antes de dejarlo continuar, que repita exactamente, para satisfacción del otro, lo que le ha oído decir. Esto significa que antes de que las cosas se magnifiquen hasta llegar al punto de sentirse incomprendidas ambas personas, es preciso que

ambas hagan un gran esfuerzo para descodificar acertadamente qué dicen las lágrimas u otras expresiones verbales. Antes de sentirse enfadado o culpable, frustrado o manipulado, el compañero de Adrian habría descifrado mensajes expresos tal como haría un investigador amable y cuidadoso:

Así que ahora te sientes mal, verdaderamente mal... ¿No? Dices que no con la cabeza... De acuerdo. Ayúdame entonces. No es tanto que te sientas mal como que estás decepcionado. ¿Estás decepcionado por algo que hice? ¿Hay algo más? De acuerdo, también quieres que no te empuje al punto de hablar, sino simplemente dejar fluir las lágrimas.

Análogamente, Adrian aplicaría la misma estrategia de identificar lo que oyó antes de responder:

Te sientes como si yo te acusara injustamente de algo que tú no tienes ni idea de haber hecho. Deseas que deje de llorar y te diga lo que quiero.

Una vez que dos personas que hablan lenguajes diferentes se toman tiempo y tienen paciencia para aprender cada uno el vocabulario del otro, a ayudarse a sentirse mutuamente comprendidos, a esforzarse de tal manera que comunique apertura, es más probable que la interacción resulte satisfactoria, aun por encima de la división de género.

Tradicionalmente, el lenguaje de las lágrimas ha sido especialidad de mujeres, tendencia que está cambiando a medida que asumen las responsabilidades y los roles previamente asignados a los hombres. Con mayor autoridad y responsabilidad llegan diferentes expectativas de lo que se considera manifestación emocional adecuada. En el capítulo siguiente, continuamos nuestra discusión de esta dialéctica única centrándonos en la experiencia de los varones.

# 7

# Cuando lloran los hombres

L os hombres hablan otro lenguaje de las lágrimas, no menos conmovedor y significativo que el de las mujeres. Lo que evidentemente les falta en frecuencia, fluidez e intensidad del llanto, lo compensan en riqueza y complejidad únicas.

Una y otra vez se ha acusado a los hombres de carecer de profundidad emocional, cuando no de capacidad para expresarse plenamente. En realidad, no es que los hombres no hablen a través de sus lágrimas, sino más bien que a menudo no se reconoce ni se valora su lenguaje. Este sentimiento no es muy distinto del que experimentan muchas mujeres cuando tienen que conformarse a un ideal predominantemente masculino de lo que se considera competente.

Las mujeres gozan de ventajas especiales en el mundo de la comunicación, tanto desde el punto de vista biológico –en términos de mayor talento innato en este campo– como cultural, puesto que tienen entrenamiento específico para ser sensibles a matices específicos del sentimiento. A los hombres, por otro lado, se les ha dicho desde que fueron capaces de comprender el lenguaje, que para triunfar en este mundo debían ocultar lo que verdaderamente sentían.

## EL LENGUAJE DE LAS LÁGRIMAS MASCULINAS

Los hombres se expresan a través de las lágrimas, aun cuando a menudo sus comunicaciones sean ignoradas, menospreciadas o malentendidas. Una razón de esto es que las expresiones de llanto más vigorosas y más hondas de los hombres no son necesariamente de dolor, sino de empatía, de orgullo y de alegría. Una vez que aplicas un marco de comprensión adecuado para entender el lenguaje único que expresa valores típicamente masculinos, encuentras que los hombres presentan una notable articulación en sus sentimientos.

No hablo sólo del llamado hombre posmoderno, sensible, el profesional *yuppie* que participa en vinculantes sesiones masculinas de sudor, come *sushi* y ha realizado un prolongado trabajo en psicoterapia. Casi todos los hombres tienen dentro de sí la capacidad para hablar profundamente a través de las lágrimas; sólo hay que saber escucharlas.

### Cuando los hombres se emocionan

Cuatro hombres están sentados en torno a una mesa, beben cerveza y hablan de su vida. Se les oye exponer sus respectivas opiniones sobre por qué el equipo local de fútbol perdió su último partido. Por un rato charlan de política, se burlan de los candidatos de las próximas elecciones, a todos los cuales encuentran cómicos e inaceptables. Pero dejan bruscamente de reír cuando uno de los hombres comienza a contar a sus amigos los sentimientos que tuvo al ver a su hijo jugar al tenis en un campeonato estatal.

No podía creer que mi pequeñín se mostrara tan seguro de sí mismo y tan sereno. Estaba orgulloso de ver el dominio que tenía de sí mismo. No me importaba si ganaba el partido o no... simplemente no podía creer la clase que mostraba.

Las lágrimas acudieron a los ojos del hombre mientras la emoción le quebraba la voz. Sus amigos guardaban silencio absoluto, cautivados por el relato, la atención dividida entre lo que acababan de escuchar y lo que sentían por simpatía, mientras cada uno se relacionaba a su manera con esa experiencia.

Uno de los hombres se incorporó y golpeó afectuosamente a su amigo en el brazo. Para un observador inexperto, podría parecer que no se tomaba en serio el relato, que le quitaba importancia, ansioso por abandonar el campo de las lágrimas y volver al terreno familiar de la política y el fútbol.

Sin embargo, no hay que equivocarse. Estaba profundamente emocionado por lo que acababa de oír. Más aún, la presencia de las lágrimas de su amigo le hablaron de una manera que lo condujo a sentirse como si también él llorara. En realidad, para cualquiera que lo observara con mucha atención habría resultado evidente que estaba llorando aunque no se oyera sollozo alguno ni pudiera detectarse más que una ligerísima humedad fuera de lo común en el fondo de los párpados. Si seguías mirando, descubrías las uñas de su mano izquierda clavadas en la palma, un pestañeo rápido y la respiración acelerada, tanto en profundidad como en altura. Este hombre se conmovió, después de todo, no sólo por el relato de su amigo, sino por los sentimientos penosos asociados a su carencia de hijos y a la imposibilidad de conocer jamás el sentimiento de orgullo por un hijo o una hija.

He aquí un hombre que llora, tal vez no técnicamente, pues de sus párpados no brotan lágrimas, pero están a punto de hacerlo. Análogamente, si observabas el conjunto de la mesa, descubrías que había otro hombre que también lloraba por simpatía.

Nuevamente, las lágrimas no eran visibles, pero si observabas con atención el temblor del párpado y el nerviosismo del pie, o, mejor aún, si penetrabas en su cabeza y en su corazón, sentías la intensidad de su reacción.

Pero entonces, ¿qué hay en este episodio de lágrimas contenidas que autoriza a incluirlo en nuestro análisis? ¿Cómo se puede llamar llanto a esto, sin la presencia de ninguno de sus síntomas comunes? La respuesta a ésta y otras preguntas sobre las maneras masculinas de emocionarse y de expresar sentimientos se encuentra en las maneras únicas de comunicarse que tienen los hombres.

### ¿Cuáles son las diferencias?

Las formas de autoexpresión pueden ser a la vez obvias y sutiles, ostentosas y contenidas. Una de las razones de que las lágrimas de los hombres pasen inadvertidas es que no se amoldan a los patrones comunes que esperamos de las manifestaciones más dramáticas de llanto, que son más características de las mujeres.

En lo que respecta específicamente al lenguaje peculiar de las lágrimas que hablan los hombres, los rasgos más evidentes son éstos:

*Los hombres tienen menos tendencia a emplear las lágrimas de manera manipuladora.* Esto es verdad por la simple razón de que esa estrategia sería inútil. Mientras que es fácil imaginar ejemplos en que una mujer pudiera recurrir a las lágrimas como medio de aumentar su influencia, un hombre que llorara durante unas negociaciones sólo provocaría sentimientos de desprecio y falta de respeto. En la mayoría de los casos, si un hombre llora es porque sucede algo realmente auténtico.

*Los hombres lloran con más sutileza.* Lloran con menos frecuencia, durante menos tiempo y vierten menos lágrimas. Hacen menos ruido y llaman menos la atención sobre sí mismos. En
muchos casos, incluso ocultan el rostro cuando lloran a fin de
salvar literalmente la cara al máximo posible.

Mientras que hasta la pubertad niños y niñas lloran aproximadamente con la misma frecuencia, aun cuando difieran
los desencadenantes de esos acontecimientos emocionales, se
produce un cambio notable más o menos en el momento en
que se espera que el niño adopte los valores más tradicionales
de los varones adultos. Varios estudios han confirmado cuan-
titativamente lo que se sabe de manera intuitiva, aun cuando
es sorprendente la magnitud de la diferencia de género: cerca
del 80 % de los hombres informan de que nunca lloran, o casi
nunca, en comparación con un porcentaje similar de mujeres
que lloran de manera regular. Para los hombres que admiten el
llanto, sólo el 15 % solloza y se sacude cuando lloran, en comparación con el 65 % de las mujeres. La gran mayoría de las veces (61 %), para los hombres el llanto significa tener los ojos
rojos y verter una o dos lágrimas.

*Los hombres tienden a llorar en respuesta a situaciones específi-
cas.* Un estudio realizado por William Lombardo desveló que
la probabilidad de que los hombres lloren en respuesta a situaciones en que también llorarían las mujeres se limita a dos
casos: la muerte de un ser querido y una experiencia religiosa
conmovedora. Fuera de esto, mientras que el 20 % de las mujeres admite que llora cuando tiene miedo, los hombres casi
nunca lloran en tales circunstancias. Análogamente, la probabilidad de que los hombres lloren en reuniones sentimentales
como las bodas es ocho veces menor que en el caso de las mujeres.

Las lágrimas masculinas tienden a ser expresivas casi únicamente en las situaciones para las cuales fueron destinados a funcionar: el combate, ya sea en la batalla propiamente dicha, ya en
condiciones simuladas. De esta suerte, llorar por los camaradas
caídos cae especialmente dentro de la provincia masculina, así
como llorar en señal de derrota cuando el botín de guerras co-
merciales o sociales se vuelve inalcanzable.

*Cuando lloran, los hombres prestan más atención a las señales in-
ternas que a las externas.* Al parecer, hay una pequeña diferencia
entre procesamiento de la información del sistema nervioso
masculino y el femenino. Esto quiere decir que en los hombres
las lágrimas son estimuladas por señales completamente distintas, especialmente aquellas cuyo fundamento es más bien interno que externo. Mientras que las mujeres prestan más atención
a las señales exteriores del medio y las interacciones sociales, los
hombres se inclinan más a escuchar dentro de su cuerpo. Por
ejemplo, mientras que una mujer tal vez llore en respuesta a lo
que le dicen o le hacen, es más probable que un hombre derra-
me lágrimas como consecuencia de lo que experimenta en su
cuerpo en respuesta a lo que sucede en el mundo exterior. Primero ve nacer a su hijo. Luego se da cuenta de que se le agita el
corazón, siente malestar en el estómago y se le cierra la garganta. *Luego* comienzan a fluir las lágrimas. A menudo el proceso
requiere un paso más entre un acontecimiento activador y las
lágrimas subsecuentes.

*Los hombres lloran principalmente en respuesta a sentimientos que
forman parte de su identidad íntima.* Así como las mujeres lloran
con mayor fluidez en respuesta a temas de afecto y pérdida, los
hombres se especializan en el llanto relacionado con su naturaleza básica, a pesar de que estén condicionados a mantener estos
sentimientos bajo control.

Los hombres tienen una identidad única, que en la mayoría de las culturas se enmarca en los roles de proveedor, protector, guerrero, atleta, marido, padre y jugador de un equipo. Hay sentimientos particulares asociados a cada uno de esos roles, asignados o adoptados: los roles masculinos tienden más a expresar las experiencias de orgullo, bravura, lealtad, victoria y derrota.

Un hombre llora cuando se oye a sí mismo advertir a su hija que tenga cuidado cuando abandone la casa. ¿Por qué? Porque se acuerda de su padre que le decía a él exactamente lo mismo y de la misma manera. Un hombre es elogiado por un colega de trabajo y eso desencadena un inesperado torrente de lágrimas. ¿Por qué? Porque aprecia profundamente que alguien se dé cuenta de sus esfuerzos extraordinarios; no está acostumbrado a que otros hombres lo reconozcan. Un jugador de béisbol se sienta en el cobertizo de espera y llora durante quince minutos después que su equipo ha perdido la clasificación para el campeonato mundial. ¿Por qué? Para expresar sus profundos sentimientos de decepción por haber dado lo mejor de sí y comprobar que no fue suficiente. En cada uno de estos ejemplos, las situaciones en que lloran los hombres suelen diferenciarse de aquellas que tal vez más conmovieran a las mujeres.

*Los hombres no se sienten inclinados a explicar sus lágrimas.* No sólo tienen menos voluntad de hacerlo, sino que están mucho menos motivados que las mujeres a hablar a fondo de las cosas. Es como si las lágrimas hablaran por ellos. Hablar de las lágrimas sólo disminuye su significado y su poder. Los hombres prefieren en cambio una modalidad de acción, una modalidad que conduce a ocuparse en algo que sea fastidioso, o al menos en dejar el asunto atrás lo suficiente como para reasumir las tareas normales.

Aunque nuestra cultura califica esta conducta de restrictiva, insensible, sin expresión y otras palabras con connotaciones análogamente negativas, la mayoría de esos juicios se realizan en el marco de una definición en gran parte femenina de la comunicación, que es la que adopta la mayoría de los científicos sociales y profesionales de la salud mental. Ésta es una de las razones que explican que la cantidad de hombres que acuerdan participar en la psicoterapia sea desproporcionadamente menor y que la probabilidad de abandono prematuro de quienes lo hacen sea mayor que en las mujeres. Por su propia índole, la psicoterapia pide –no, exige– a los participantes que reconozcan y expresen sentimientos de maneras particulares. Muchas veces, esta tarea es incoherente con la enseñanza que los hombres recibieron durante toda su vida.

*Los hombres trabajan duramente para reprimir y detener sus lágrimas.* Los hombres lloran un promedio de dos minutos por episodio, mientras que para las mujeres el promedio es de seis minutos. Una razón por la que los hombres lloran con menos frecuencia y durante menos tiempo es que han aprendido a detener el flujo de lágrimas. Por medio de algunas lecciones claramente traumáticas en su vida, los hombres llegan a apreciar su capacidad para reconquistar el control de sí mismos incluso en las condiciones más adversas. El no haber desarrollado esa capacidad de detener las lágrimas sometería al varón a las maliciosas calificaciones de llorón, debilucho o nene de mamá.

*Los hombres se disculpan por llorar.* Al no haber sido compensado muy a menudo por llorar, puesto que esta conducta representaba una humillante pérdida de control, es probable que los hombres sientan remordimiento y vergüenza tras permitir la exhibición de sus lágrimas. Más que sentirse bien por las expresiones auténticas de su yo, o incluso aliviados de tensión, la mayoría de las veces experimentan un cierto grado de arrepentimiento y resuelven mostrar más autocontrol en el futuro. El resultado de esta contención es que el hombre medio llora únicamente una vez por mes, aproximadamente la cuarta parte que las mujeres.

*Los hombres presentan muchas más variaciones en su llanto, en función de su particular grupo de pares.* El nivel de educación, la clase social, la orientación sexual y la identificación con un rol sexual masculino estereotípico son factores que influyen en la probabilidad de fluidez con que un hombre emplea el lenguaje de las lágrimas. Las diversas subculturas de masculinidad tienen reglas muy distintas acerca de cómo y cuándo está permitido llorar. En nuestro grupo de cuatro hombres sentados a la mesa, por ejemplo, unas pocas gotas de humedad son aceptables, pero cualquier expresión más dramática se juzgaría indecorosa. Es probable que los hombres con más educación y que entienden de modo más flexible su masculinidad lloren más a menudo y en circunstancias más variadas.

*Las lágrimas de hombre son más potentes.* Debido a que el llanto es un acontecimiento relativamente raro en la vida de un hombre, cuando habla efectivamente con sus lágrimas la gente tiende a prestar atención. Las lágrimas de hombre a menudo resultan incómodas para otras personas, mientras que del llanto de una mujer, aunque podría significar una gran catástrofe, también cabría pensar que es una reacción excesiva ante algo relativamente insignificante. Cuando un hombre llora, *sabes* que va en serio. Es muy difícil que un hombre deje fluir sus lágrimas, de modo que si están presentes, han de comunicar un mensaje poderoso.

### Cómo reaccionan los hombres ante las lágrimas

Los hombres no sólo hablan de manera diferente por medio de las lágrimas, sino que también responden al llanto de manera diferente y muchas veces incomprendida. En la interacción siguiente, que tuvo lugar en un grupo de asesoramiento para individuos de elevado nivel de funcionamiento, el estilo característico con que los hombres reaccionan ante las lágrimas de las mujeres es particularmente instructivo de las manifiestas diferencias.

Ellos mismos maestros y psicoterapeutas, los miembros del grupo se reunían sobre todo para apoyarse, pero también para comprometerse mutuamente en un nivel íntimo. Deseaban oír la verdad. Deseaban saber cómo los percibían los otros. Deseaban completar su tarea inacabada del pasado.

Un hombre comenzó a hablar. Su voz era profunda, resonante, autoritaria. Regañaba a sus pares acerca de algo, y éstos parecían estar a la defensiva. Los pies comenzaron a marcar un ritmo nervioso. Los ojos miraban intencionalmente al suelo. Las rodillas se separaban. Los labios temblaban.

Mientras continuaba fustigándolos por jugar con un margen excesivo de seguridad, por eludir asumir el auténtico riesgo, por conformarse con la mediocridad en la manera de relacionarse entre ellos, los labios temblorosos de una mujer se estiraron hasta atravesarle el rostro y se desató una reacción en cadena. Apretó los ojos, con lo que puso en tensión todos los otros músculos de la cara. Plegó el cuerpo sobre sí mismo y se abrazó las rodillas. La respiración se aceleró y puso sordina a los sonidos que ocasionalmente se escapaban de unos labios con elasticidad de goma. Las lágrimas gotearon de los ojos, bajaron por las mejillas y dejaron pequeñas manchas en la falda.

En el grupo se produjo una reacción instantánea. Pasaron a la mujer una caja de pañuelos de papel con la misma rapidez con que la enfermera más atenta habría alcanzado una esponja a un cirujano. El hombre detuvo su discurso en medio de una oración. Todos los ojos estaban clavados en la mujer, a la espera de alguna explicación de lo que sentía. ¿Qué desencadenó esa reacción? ¿Qué siente? ¿Qué quiere decir con su conducta?

Vacilante, a través de hipos y palabras dichas sin aliento, con labios que a veces, insonoros, formaban frases que quedaban en silencio, la mujer se explicó. Describió qué significaban sus lágrimas. Identificó el elemento desencadenante: el sentimiento de ser atacada. Describió qué era eso para ella, qué le recordaba. Un coro de mujeres saltó para prestarle apoyo, repitiendo que también ellas habían tenido la sensación de que sus lágrimas eran incomprendidas.

Entonces el hombre, aún iracundo, pasó a la defensiva. Se sentía responsable, culpable, como si hubiera cometido un crimen. Pero también se sentía víctima, como si hubiera sido traicionado:

Aguarda un minuto. ¡Sólo un minuto! ¿Es imaginación mía o hemos cambiado por completo el centro de esta discusión porque tú comenzaste a llorar? Parece que estuviéramos ante algo importante. Esto te afectó. Te dio miedo; yo no te he hecho daño; al menos no he tenido la intención de hacértelo. ¿Por qué he de sentirme ahora como un monstruo, como si te hubiese hecho llorar?

A estas alturas saltó todo el mundo. Todos tenían algo que decir acerca de la parte de la conversación que les atañía. Las mujeres acusaron a los hombres de no tener sentimientos y de ser insensibles; los hombres respondieron con sus propias acusaciones de que las lágrimas habían perdido su significado más profundo porque las mujeres las habían diluido al emplearlas para manipular. Ellos se esforzaron para establecer quiénes eran más incomprendidos. Procuraron dar sentido a la serie de acontecimientos. Comenzaron a traducir el lenguaje de las lágrimas, a descifrar su sintaxis y su gramática, a analizar su vocabulario, su poder y su poesía.

Otro hombre del grupo habló de sus reacciones ante el curso de los acontecimientos: «Odio que las mujeres lloren. Siempre me siento como si hubiera hecho algo malo. Yo soy responsable. Todo es culpa mía. Después me encierro en mí mismo».

Le interrumpió otro: «Discrepo. Es cierto que el llanto nos desanima. No es viril. Es débil. Vulnerable. Pero...».

La mujer que lloraba levantó la voz por encima de la refriega para afirmarse de tal manera que los demás nunca habían visto hasta entonces. «¡No entendéis nada, ninguno de vosotros entiende nada! Todos hacéis afirmaciones sobre lo que significan las lágrimas, como si siempre dijeran lo mismo. Yo lloro por tantas razones... cuando me siento herida y frustrada, sin duda, pero también cuando me siento emocionada.»

La discusión precedente ejemplifica con claridad las diferencias de reacción entre hombres y mujeres ante la presencia de lágrimas. El hombre se sintió más bien colérico que compasivo respecto de la mujer que lloraba, no porque él fuese necesariamente insensible o careciera de sentimientos, sino porque interpretaba el sentido de la conducta de aquélla de manera muy diferente que las otras mujeres. Hemos analizado en el capítulo anterior algunas de las razones que explican estos diferentes filtros perceptuales. Una conclusión inevitable que ahora podemos extraer es que, en realidad, no hablamos del lenguaje de las lágrimas, sino de muchos lenguajes que hablan diferentes culturas y ambos géneros.

## UN DOBLE PATRÓN

Búrlate todo lo que quieras de la limitación emocional de los hombres que parecen no tener voluntad o capacidad para llorar, pero las consecuencias que afrontan por ello son mucho más serias que para las mujeres. En efecto, opera allí un doble patrón, el mismo que juzga tan severamente a las mujeres por expresar su cólera.

En un estudio de veinte mil jóvenes que llegó a su término en 1978, tres cuartas partes de las muchachas y los dos tercios de los varones pensaron que estaba bien que las mujeres lloraran en público, pero sólo el 58 % de las muchachas y el 42 % de los varones creyeron que fuera aceptable para los hombres. En un estudio realizado a estudiantes universitarios que repetía este original cuestionario de *Scholastic Magazine,* Gary Crester y sus coinvestigadores encontraron en los sujetos masculinos un interesante doble patrón. Los hombres sostuvieron una visión estereotípica más rígida de los roles sexuales en general y del llanto en particular. Mientras que muchas mujeres sienten simpatía y aceptación respecto de los hombres que lloran en ciertas circunstancias, eso no ocurre en absoluto en el caso de las mujeres respecto de otros hombres. En general, los hombres consideran neutral, o incluso positivo, el llanto de las mujeres, pero tienen al llanto de los hombres por inapropiado y signo claro de debilidad.

Estas diferencias también son evidentes en otros terrenos. En estudios sobre la percepción del llanto se pidió a sujetos adultos que escucharan varios llantos de bebés e interpretaran lo que pudieran significar, mediante una evaluación en distintas escalas. Respecto de las diferencias de género, los hombres perciben más a menudo que las mujeres la irritación y la cólera en el llanto infantil. Además, es más probable que perciban el llanto obstinado como indicación de reclamo de mimos, lo que significa que se sentirán menos inclinadas a ofrecer consuelo. El llanto de los hijos perturba menos a las madres que a los padres. Los resultados de estos estudios no sólo sugieren que los hombres son menos sensibles, sino también que experimentan desórdenes más profundos cuando oyen llorar, circunstancia que en parte deriva del adoctrinamiento al que han sido sometidos en su rol sexual particular.

## Condicionamiento masculino

Las diferencias en la manera de llorar entre hombres y mujeres tienen su explicación más fácil en términos de los roles sexuales tradicionales, en cómo se les ha enseñado a responder en diversas situaciones. Por ejemplo, en momentos de tristeza, se enseña a las niñas a que hablen de sus sentimientos, lloren y se apoyen mutuamente mediante el contacto físico y una escucha empática. A los varones, por otro lado, se les dice que no se queden sentados y abatidos, y decididamente que no lloren como un bebé, sino que se expresen por medio del trabajo productivo y la agresión.

En otro ejemplo de cómo se afronta una situación inquietante como el llanto de un bebé, las mujeres tradicionales –y los hombres que han adoptado un rol sexual más flexible– responderán a la criatura con compasión y sensibilidad. En cambio, los hombres cuyos valores podría describirse como tradicionalmente más masculinos es probable que se enfaden.

Piensa en los mensajes diferentes que reciben niños y niñas mientras crecen. Cuando lloran, a los primeros se les dice que se portan como bebés o, lo que es peor aún, que se portan como niñas; pero a las niñas se las estimula a que lloren como medio legítimo de expresión. Como campeón del movimiento de los hombres, Warren Farrell explica que una de las razones por las que el desarrollo emocional de los varones es tan conflictivo y limitado es que se los educa con mensajes dobles:

- Has de ser fuerte, pero sensible.
- Has de ser poderoso, pero conciliador.
- Has de ser expresivo, pero no demasiado emocional.
- Has de ser vulnerable, pero no llorón.

Acaso el mensaje más paradójico sea el que llega sobre todo de las mujeres: has de ser sensible, pero un triunfador. En otras palabras, lo que las mujeres desean de los hombres es una persona bondadosa, solícita, amante y vulnerable. Sin embargo, también desean una persona exitosa, con prestigio, poder o dinero. Las cualidades que se necesita para ser exitoso se oponen diametralmente a las que se requieren para ser solícito: se ha de ser agresivo, suspicaz, controlador, ambicioso, impulsivo y egocéntrico. En consecuencia, los mensajes que reciben los hombres implican que han de ser emocionalmente expresivos en su casa, pero que también deben hacer en el trabajo todo lo que sea menester para triunfar.

En una serie de entrevistas con mujeres acerca de sus reacciones ante hombres que lloran, Cindy Chupack encontró algunos mensajes muy mezclados. Las mujeres dicen que a ellas les gusta un tipo sensible capaz de expresar sus sentimientos con lágrimas, pero sólo en los funerales y la bodas. En palabras de una mujer: «Me gusta un hombre que no tenga miedo de llorar... pero que no llore».

No es extraño que los hombres se sientan cada vez más confundidos acerca de cuándo está bien que lloren y cuándo no. En nombre de muchos otros, un hombre describe su dificultad:

Hace muy poco que he aprendido a llorar otra vez. Comencé hace unos años, cuando tuve ciertos problemas con mi mujer. Ella acostumbraba a pedirme que le mostrara emoción, pero, ¡ay!, soy un contable. Durante todo el día no uso el cerebro para otra cosa que poner los números en los lugares adecuados. En mi trabajo no hay sitio para la emoción. Para ser socio has de ser más despiadado que cualquiera de los demás, has de tener más voluntad de hacer todo lo que hace falta para tener el trabajo hecho. Si llorara en el trabajo, estaría perdido. Si mostrara algún tipo de sentimiento, de alguna manera lo explotarían en mi perjuicio. Luego llego a mi casa y de repente cambian las reglas. Se supone que atravieso la puerta, dejo que se marche mi yo de contable y entro de inmediato en el papel de padre y marido cariñoso. Tengo que decirlo, a veces me siento confuso. Puesto que tanto me esfuerzo para mostrarme más a mi mujer y mis hijos, el otro día, conversando con mi secretaria en el trabajo y escuchándole el relato de su madre que se estaba muriendo de cáncer, las lágrimas me asomaron a los ojos. Ella se dio cuenta y se sobresaltó. Nosotros no hacemos esas cosas, de modo que me recuperé rápidamente y simulé que me había entrado algo en el ojo.

En un libro sobre la causa por la que los niños varones no lloran, las educadoras Sue Askew y Carol Ross describen el proceso de socialización por el cual las imágenes de masculinidad se construyen con la finalidad de desalentar la expresión emocional. Bastaría prestar un poco de atención a una reunión de padres y niños que comienzan a andar para comprobar que los apodos que se reservan a cada género refuerzan las normas tradicionales. «Así, a las niñas se les dice "dulce", "pastelito", "amor", "preciosa", "cariño", mientras que a los varones se les llama afectuosamente "problema", "hombre" y "campeón".» ¿De qué están hechas las niñas pequeñas? Pues, de azúcar y especias y de todas las cosas bonitas. ¿Y los niños? Pues, naturalmente, de colas de cachorros de perro.

## Lágrimas masculinas

De niño, todo era para mí muy confuso. A veces mi padre me zurraba, me pegaba *fuerte*. Pero era todavía peor que me prohibiese llorar. «¡Si lloras sólo conseguirás que te dé más fuerte!», me decía.

De manera que aquí está este hombrón pegándome. Tengo miedo y rabia, y en realidad me duele. Tengo ganas de llorar. Malo; pero si lo hago, peor. No poder llorar me hacía más daño que los golpes.

Me gustaría poder decir que el relato de este hombre es insólito, que su experiencia es relativamente rara. Desgraciadamente, son tantos los hombres que cuentan relatos similares acerca de cómo en su infancia les fueron arrebatadas las lágrimas, y cómo, una vez adultos, tuvieron que aprender a llorar otra vez. La narración de otro hombre ilustra este proceso:

Cuando era pequeño, cada vez que lloraba mi padre se burlaba de mí. Me llamaba mariquita, decía que no era hijo suyo. ¿Qué clase de hombre sería si era tan poca cosa?

En aquella época no tendría yo más de seis o siete años. Solía enfadarme si mi madre se marchaba por un momento y nos dejaba con personas que yo no conocía. Recuerdo que en esos momentos lloraba, después de lo cual mi padre me mandaba callar e incluso me amenazaba con consecuencias terribles si seguía llorando.

A partir de aquellos días estuve treinta años sin llorar, hasta que murió mi padre, irónicamente. Fue como si al llorar por él recuperara la libertad para derramar mis lágrimas.

Hay un mito según el cual los hombres no lloran, y cuando lo hacen, dice el productor de televisión Stuart Cosgrove, «se ve el hecho como un acontecimiento de significado tan profundo que llama la atención de los presentes y les transmite la creencia de que se encuentran ante algo importante. Desde su perspectiva a través del objetivo de una cámara, Cosgrove ha dejado testimonio de que había algo más que su participación personal en el llanto masculino, en general en el contexto del escenario tan familiar del atleta que llora tras ganar un partido importante, como si eso fuera lo único capaz de provocar las lágrimas en un hombre.

Tan raras y poderosas se consideran las lágrimas de un hombre, que se han hecho famosas por inclinar la opinión pública, incluso por decidir el resultado de unas elecciones políticas. En lo que habría de ser sólo el primero de una serie de escándalos que marcaron su vida profesional, Richard Nixon estuvo a punto de ser excluido de la papeleta presidencial de 1952 tras el descubrimiento de que, siendo senador por California, había figurado en la nómina de pagos de ricos hombres de negocios. Durante su célebre discurso para salvar la situación, Nixon dejó escapar una lágrima cuando confesó que era tan pobre que todo lo que tenía su nombre era una chaqueta de tela y su perro *Checkers*. A Adlai Stevenson le enfureció que su rival hubiera recurrido a las lágrimas de simpatía y afirmó que cualquiera que llorara merecía perder. Este error de cálculo contribuyó a que Stevenson perdiera las elecciones.

En su rastreo de la tradición de manipular las lágrimas masculinas según una estrategia que se tenía por tradicionalmente femenina, Philip Dunne cita otros varios ejemplos de lo que él llama «lacrimosidad política». En una deprimente nueva puesta en escena del discurso de «Checkers» de Nixon, el teniente coronel Oliver North presentó su pobre defensa de la acusación de actividades ilegales −«sólo cumplí órdenes»− con «el mismo temblor en la voz y la pizca de viril humedad en los ojos que tan buen servicio había prestado a Nixon».

John Wayne, el consumado héroe del cine, hablaba en nombre de su generación cuando advertía que podía llorar por su caballo, su perro o un amigo, pero nunca por una mujer. Puesto que se supone que un hombre es el jefe, su trabajo consiste en retener las lágrimas para que puedan llorar las mujeres y los niños. Tradicionalmente se ha definido la competencia masculina según el molde del vaquero de ficción, literalmente de ficción si se tiene en cuenta que John Wayne hizo todo lo posible para evitar pelear en ninguna guerra real. No obstante, su estoicismo, contención e inexpresividad, salvo con el puño o el revólver, se ha convertido en modelo de vigor masculino. Los sentimientos, y las lágrimas, quedan fuera del modelo.

*Olvidarse de llorar*

Tal como declararon los hombres ya mencionados, no es raro que los niños se sintieran humillados por sus lágrimas o incluso que éstas les fueran arrebatadas. Es un trauma ritual que repiten una y otra vez entrenadores deportivos, padres, hermanos y hermanas o amigos:

> Tenía la costumbre de llorar. Era tan bueno en eso que una vez hice llorar a todo mi equipo de liguilla. Odiaba perder. Estaba en un equipo terrible. Estábamos en la liguilla de menores. A diferencia de los equipos de los mayores, que llevaban uniformes completos, nosotros sólo teníamos camisetas y gorras. No ganábamos ni siquiera un partido y yo lloraba todo el tiempo. En aquella ocasión particular, cumplía años. Yo lloraba con particular intensidad y entonces otros muchachos comenzaron a llorar. ¡Nuestro entrenador se mosqueó! Me dijo que era el chico más llorón que había visto jamás.
>
> Después de eso pasé un largo período ahogando las lágrimas. Me sentía tonto cada vez que tenía ganas de llorar. Ahora puedo recitar una larga lista de ocasiones en que no lloré: el asesinato de Kennedy, las rupturas de noviazgos, las muertes, los nacimientos... Lo único que sentía y podía expresar era cólera. Estoy segu-

ro de que la gente me prefería, y con mucha diferencia, cuando era un llorón.

En la novela *Honor and Duty,* de Gus Lee, aparece otro relato de un hombre que se ha olvidado de llorar. El héroe es un joven cadete de West Point. Es un hombre de pelo en pecho, guerrero feroz y soldado disciplinado que desde los nueve años no ha vuelto a llorar. Regaña a su hermana por llorar, le ruega que deje de llorar y se siente tan incómodo que se levanta para marcharse. Lucha contra sus propias lágrimas, quiere mantener el control que corresponde a un soldado:

> Me lavanté vacilante y fui trastabillando hasta el cuarto de baño, con pies que no eran los míos. La presión detrás de los ojos y dentro de la cabeza parecía hincharme hasta darme contra las paredes... Con los músculos convulsos, gemí, me apreté la boca con la mano derecha y con el gesto tiré las gafas contra el duro suelo del lavabo mientras me saltaban las lágrimas y de la garganta y los oídos se escapaban ruidos que me eran extraños. Empecé a golpear las paredes hasta quedar sin fuerzas y bañado en sudor...

Sin embargo, lejos de liberarse, el joven cadete se siente inmoral y débil por haber llorado. Su hermana, espantada ante la intensidad de aquella exhibición, le pregunta qué está mal y luego se da cuenta de que él no sabe llorar. El muchacho habla en realidad una lengua extraña.

En otro ejemplo de ficción que describe a un hombre que se ha olvidado de llorar, el personaje de Pat Conroy, de *Beach Music,* bromea sobre lo que ha perdido:

> Estaba de pie, ante mi madre inconsciente, sin permitirme sentir nada. Mis propias lágrimas parecían bloqueadas y converti-

das en un glaciar en mi interior, al que no podía llegar ni tocar. ¿Qué clase de hombre era que no podía llorar junto al lecho de mi madre moribunda?

La clase de hombre —escribe Conroy— que ha sido criado en una ciudad pequeña para ser un consumado caballero sureño: estoico, duro, emocionalmente contenido y sin una lágrima a la vista. Es interesante que descripciones tan poéticas de las experiencias masculinas en relación con el llanto (o ausencia de llanto) sólo se encuentren en la ficción, donde analizar esos sentimientos bajo el disfraz de la imaginación no entraña ningún riesgo.

## Aprender a llorar otra vez

El impacto del feminismo, el movimiento de los hombres, la igualdad de los géneros y los valores de androginia facilitarán a los hombres el llorar más abiertamente. Éste es especialmente el caso en que los hombres expresan lágrimas que tienen origen en las maneras distintivamente masculinas de relacionarse con los demás como padres e hijos, como hermanos y amantes, como amigos y guerreros.

Cuando un hombre de pelo en pecho como el general Norman Schwarzkopf puede llorar lágrimas patrióticas tan abiertamente, nos facilita a nosotros el hacer lo mismo. En sus propias palabras acerca de lo que significan las lágrimas para él: «No pienso que me gustara un hombre incapaz de la emoción suficiente como para dejar ver lágrimas en sus ojos».

Para aprender a llorar otra vez, los hombres toman sus señales de las mujeres. Desafortunadamente, la inversa también es cierta: las mujeres están aprendiendo de los hombres que, si se quiere tener éxito en el mundo, es indecoroso e improductivo llorar. Estas mismas diferencias de estilo no sólo se reflejan en la expresividad emocional, sino en el conjunto de maneras en que cada género aborda los desafíos.

Las mujeres tratan ahora de enseñar a los hombres a llorar, mientras que los hombres influyen en las mujeres para que dejen de llorar, para que ignoren sus emociones a favor del pensamiento, para que minimicen el proceso en busca de objetivos. Como lo dice brevemente un hombre:

> Sé que mi mujer trata de persuadirme. Intenta decirme algo, pero, por mi vida, no puedo oírla. Cuando comienzan a caer las lágrimas, me marcho.

Ante las lágrimas, los hombres se vuelven lógicos. Ofrecen trivialidades («Bueno, bueno. Todo saldrá bien.») que demuestran con claridad que en realidad no entienden nada. Los hombres desean reparar lo que ven como un problema: «¿Cómo hago para cerrar la espita?».

Cuando un hombre llora, manifiesta sentimientos profundos, básicos. Si una mujer responde a las lágrimas del hombre de la misma manera en que hubiera preferido que se respondiera a las suyas en circunstancias similares, es probable que se produzca un malentendido. Un hombre explica: «Ojalá mi mujer no haga toda una cuestión de esto. Ya me siento desconcertado. Dejadme solo para reflexionar».

Por supuesto, estas generalizaciones en materia de género sólo contribuyen a continuar con los mitos de que todos los hombres o todas las mujeres actúan de una manera particular. Hay muchísimas excepciones a la regla: hombres que desean ser consolados cuando lloran y mujeres que prefieren llorar en soledad.

Análogamente, hay muchos hombres que responden a las lágrimas con paciencia y sensibilidad infinitas y muchas mujeres que no toleran estar en la misma habitación con alguien que llora. Tal vez los conceptos más erróneos persistan por la sencilla razón de que la gente no habla muy a menudo de sus lágrimas a los demás. Hay legiones de mujeres que guardan en secreto el que lloren bastante poco, pues admitir tal cosa implicaría aceptar que de alguna manera son defectuosas. Esto es precisamente lo que ocurre con hombres que en privado lloran en abundancia; guardan su secreto por temor a que se los juzgue débiles e inconsistentes.

### Excepciones a la regla

A menudo hablamos de hombres y mujeres como si su conducta se pudiera predecir fácilmente en función de sus respectivos géneros, a pesar de que las diferencias entre los miembros del mismo sexo son tan grandes como las que hay entre los géneros. En términos generales, es verdad que las mujeres lloran más que los hombres. Sin embargo, también es cierto que algunos hombres lloran mucho y que algunas mujeres jamás derraman una lágrima. El problema no parece estar en la frecuencia con que una persona llora, sino en qué piensa que significa su llanto.

Al aprender a llorar nuevamente, hay hombres que han asumido el riesgo de rechazo y desaprobación por reivindicar sus lágrimas. Han descubierto que al permitirse expresar sentimientos de modo más auténtico, son más honestos y sinceros, más fieles a su naturaleza interior, que durante tanto tiempo estuvo condicionada para erradicar la posibilidad de llorar. Aprenden acerca de los beneficios de una experiencia tan vívida y esencial: la liberación poderosa, la experiencia de estar llenos de vida en ese momento y la intimidad que puede crearse con otros capaces de manejar la intensidad emocional.

Los hombres también están aprendiendo acerca del precio que se paga por expresar las lágrimas propias. Antes de comenzar a escribir este libro, yo me parecía mucho a la mayoría de los hombres que conozco. Me gustaba pensar que era muy sensible; en realidad, estaba completamente convencido de que podía expresar mis sentimientos tan bien como cualquiera. Pero entonces, pensé, ¿por qué no lloré durante años? En realidad podía contar las veces que había llorado en mis años de adultez.

Llegué a sentirme incómodo con la idea de que tal vez no tuviera tanta riqueza emocional como creía. Después de todo, razoné, un hombre que no se permite llorar, nunca se permitirá llegar al punto de sentir con verdadera intensidad.

En una serie de incidentes que se describirá en el próximo capítulo, mi capacidad y mi voluntad para llorar en respuesta a toda una diversidad de situaciones me dejó un poco aturdido. Se me abría todo un nuevo mundo de posibilidades que me producía una sensación de confusión, de vacío y al mismo tiempo no sabía si de verdad me gustaba ese lenguaje. Mientras que algunas personas de mi vida abrazaban al hombre nuevo, emocionalmente más expresivo, y otras no parecían advertir nada o no querían pronunciarse por una u otra manera, una cantidad bastante grande de personas empezaron a sentirse incómodas cada vez que yo lloraba, o incluso trataban de hablar acerca de experiencias que me habían hecho llorar. Aprendí una lección que muchas mujeres saben desde hace mucho tiempo: no basta con ser capaz de llorar con fluidez, sino también has de saber hacerlo discretamente.

Hay todo un movimiento en vías de realización. Cada vez son más los hombres que aprenden por sí mismos a llorar otra vez, lo que experimentan con inseguridad, de una manera muy semejante a cómo aprendieron a andar y a hablar. Tantean el terreno derramando una lágrima aquí y otra allí y luego observan cuidadosamente cómo se sienten después y cómo reaccionan los demás. Si están satisfechos con el resultado, se permiten dar un pasito más.

Para otros hombres, la evolución de sus lágrimas sigue el mismo progreso esporádico y accidental que forma parte del desarrollo de la conducta para cualquier especie. Un hombre se preocupa de sus asuntos y se ocupa de las rutinas más comunes de su vida y, un día, ocurre algo dramático. Podría ser una tragedia como la muerte o el rechazo de una persona amada. Podría ser una gran decepción que implique problemas financieros o de carrera profesional. Podría ser resultado de un recuerdo de su madre en el teléfono, u observando a su hijo dormido en su cama. Incluso podría involucrar una experiencia trascendente cuya chispa inicial fuera una conmovedora experiencia con la naturaleza o con Dios. Sea cual fuere, esta experiencia es tan importante que la irrupción de un poder emocional irrefrenable superó la reserva habitual del hombre. Las lágrimas aparecen por su cuenta contra todos los esfuerzos de protesta del hombre.

El resultado de esta respuesta de llanto no planificada y no prevista es que muchos hombres descubren que les encanta la libertad de expresión de su dolor y su alegría de manera más plena, más total. Han hecho excepciones a su regla de controlarse permanentemente. Siguiendo las leyes de la teoría del aprendizaje, cuando un resultado es satisfactorio tiende a repetirse. Los hombres que han llorado muy poco y finalmente ceden contra su voluntad al impulso de hacerlo, aprenden que les gusta el sentimiento de dejarse ir, siempre que sean honrados y respetados por su transparencia emocional. Pero con los mensajes mixtos que reciben los hombres, esta reacción no está en absoluto asegurada.

*Mensajes mixtos*

Durante muchos siglos se ha enseñado a los hombres a sentirse orgullosos de su contención emocional. Ahora las reglas están cambiando de tal manera que los hombres que no lloran o no pueden llorar se arriesgan a que se les acuse de insensibles. No obstante, hay mensajes mixtos peligrosos que tener en cuenta: si un hombre llora abiertamente, también es posible que se lo juzgue de la misma manera que a las mujeres, a quienes muchas veces se considera emocionalmente inestables.

Para los hombres son tan perjudiciales las prohibiciones que les impiden mostrarse auténtica y abiertamente, como desventajosa es para las mujeres su transparencia emocional. A los hombres les gustaría llorar más y las mujeres desean llorar menos.

Propongo este juicio más como metáfora que como verdadero reflejo de la realidad, aunque sin duda esta observación es válida para mucha gente. Los hombres podrían aprender de las mujeres que, gracias a la liberación de las lágrimas, podrían llegar a ser más abiertos y auténticos sin sentir por ello necesidad de disculparse. Análogamente, las mujeres podrían aprender de los hombres a ser más activas en su lucha por encontrar una manera válida de conocerse y expresarse.

El lenguaje de las lágrimas tiene muchos dialectos, algunos de ellos sobre base regional y otros por indiscutible influencia de factores biológicos. No obstante, así como una nación sólo puede sobrevivir si es capaz de encontrar una lengua común para todo el pueblo, aunque con tolerancia respecto de las diferencias individuales y grupales, así también debemos encontrar una for-

ma universal de expresión emocional. Ese lenguaje son las lágrimas, aun cuando haya diferentes acentos y peculiaridades de sintaxis, gramática y vocabulario.

El llanto es lo que nos une. Con independencia de nuestro
género o cultura, todos comprenden que las lágrimas significan
que estamos sinceramente emocionados por algo que se halla
dentro de nosotros o dentro de nuestro campo perceptivo. Para
que estas experiencias tengan significado constructivo, es preciso que nuestras lágrimas encuentren respuestas más bien enalte-
cedoras que humillantes.

## 8

# Llanto y transformación personal

En cualquier investigación seria llega un momento en que deseamos pasar de un nivel de comprensión a un nivel de acción. Por interesantes que hayan sido los análisis anteriores acerca de los orígenes, las funciones y las variaciones del llanto, existe también el deseo de aplicar lo que se sabe a nuestra vida y a la de nuestros seres queridos.

Lo que a estas alturas debiera resultar más claro es que el llanto es un proceso humano saludable y necesario, parte inescindible de nuestra existencia. Que esos episodios lacrimosos añadan leña a los fuegos de la pena, suavicen las quemaduras y curen las cicatrices o liberen fantásticos sentimientos de paz y trascendencia depende muchísimo de que seamos capaces de aplicar nuestra comprensión al fenómeno del llanto.

Las lágrimas son el símbolo visible de la intensidad humana. Sólo se dejan ver, para mejor o para peor, en los momentos en que la gente tiene una gran carga emocional. A veces, durante estos episodios, estamos a punto de rendirnos. Nos volvemos sobre nuestros sentimientos, impotentes para hacer nada, salvo dejar que el dolor fluya por los ojos. Pero también es el momento de una oportunidad, un período en el que son posibles los grandes cambios, con tal de que captemos el momento de una manera constructiva.

En este capítulo y el siguiente aplicarás los conceptos que ya has aprendido a procesos de tus propias experiencias de llanto, así como a las de las personas que te rodean. Antes de analizar la mejor manera de abordar las lágrimas de los demás, consideremos qué puedes hacer para sacar el máximo provecho de tus experiencias de llanto, para escuchar tu lenguaje de lágrimas y para transformarte a ti mismo como resultado de lo que has aprendido de tu voz interior más articulada.

## LÁGRIMAS Y CAMBIO CONSTRUCTIVO

Las crisis emocionales llevan a transiciones constructivas sólo cuando se elaboran las lágrimas de tal manera que se conviertan en símbolos de triunfo y no de derrota. Las experiencias de llanto son incidentes críticos en nuestra vida; pueden hundirnos más profundamente en la desesperación o, con esfuerzo concertado, llevarnos a nuevos niveles de transformación personal. Sobre la amplia base de la investigación de Laura Rice, Leslie Greenberg y Jeremy Safran, así como de mi propio trabajo, puedo ofrecer el siguiente método, por el cual se pueden trabajar las lágrimas hasta el punto de resolución. Aunque muchas veces este proceso se complete en el contexto de una relación de ayuda, como la que se da entre un psicoterapeuta y un paciente, ahora mismo dispones ya del marco de referencia suficiente sobre el tema como para iniciar muchos cambios por ti mismo.

Comienzo con un relato de mi propia experiencia, relato que seguiremos paso a paso en este proceso de transformación personal que desencadenan las lágrimas. Lo que en mi caso, como ocurriría en el tuyo, permitió que se produjeran estos cambios fue la voluntad de explorar el lenguaje de mis lágrimas, de reconocer su legitimidad y prestar atención a su significado subyacente.

*Reconocimiento de las lágrimas*

De adulto he llorado unas cuantas veces, pero no muy a menudo. E incluso en esas raras veces me costó mucho admitir la presencia efectiva de las lágrimas. Me convertí en un experto en el arte de enjugar las lágrimas con el brazo como por casualidad para eliminar toda evidencia que pudiera delatar mis sentimientos internos. Fui un maestro del autocontrol.

Un simple incidente cambió este patrón de toda una vida. Aunque fue una aventura en que corrí peligro de muerte y, por tanto, memorable, lo que en realidad desencadenó en mí una cantidad de cambios a partir de aquellos acontecimientos fueron mis reacciones intensamente lacrimosas. Mi vida cambió para mejor no a causa de lo que me sucedió, sino del modo atípico en que reconocí mis lágrimas.

Había estado paseando solo durante varios días en una zona aislada y salvaje de Nueva Zelanda. Después de cinco horas de caminar junto a una costa escarpada, llegué a una cala que tenía que atravesar para llegar al campamento donde pasaría la noche. Los guardas del parque me habían dicho que, incluso con pleamar, no tendría ningún problema para cruzarla, pues el agua sólo me llegaría a la cintura.

Estaba oscureciendo. Apenas podía ver la cabaña donde pasaría la noche del otro lado del estanque que formaba la marea. Me quité la ropa y las botas, me eché la mochila al hombro y me metí. El agua, aunque todo lo fría que se podía esperar en un día de invierno, estaba bastante soportable. Parecía que sólo sería un inconveniente menor. En realidad, sentía las lágrimas asomarme a los ojos mientras escrutaba el horizonte. Me hallaba en uno de los lugares más hermosos del mundo. Un verdor exuberante forraba los acantilados. Circundaba la cala un denso matorral, salpicado de palmeras y helechos. El sol poniente iluminaba el cielo con tonalidades anaranjadas y rosadas que se reflejaban en el agua, rielaban en la bahía y me rodeaban de color.

El agua se hizo más profunda y me trepaba por los muslos a cada paso, primero hasta la cintura, luego hasta el pecho. Me había pasado veinte minutos admirando el paisaje en este paseo calmo, pausado, y la otra orilla parecía alejarse. Levanté más la mochila y seguí adelante. Me preguntaba si cuando el guarda me dijo que el agua no me pasaría de la cintura, su cálculo había tenido en cuenta a alguien más alto que yo. Pensé en volver atrás, pero eso habría significado pasar la noche al aire libre en el bosque. Estaba mojado y sentía frío, de modo que no parecía tener otra opción que continuar.

El agua siguió subiendo cada vez más, dejó atrás el pecho y me llegó primero al cuello y luego al mentón. A esas alturas tenía la pesada mochila en equilibrio sobre la cabeza. El cuello y los hombros me dolían por el esfuerzo. Las rocas y las conchas del fondo empezaban a magullarme y lastimarme los pies. El pánico comenzó a tomar cuerpo en mi garganta y las lágrimas rodaron por las mejillas para unirse al océano salado. Me negué a reconocer mi llanto, así como tampoco admitiría el miedo que de verdad me poseía.

En ese momento me di cuenta de que tiritaba tremendamente. Me volví para mirar hasta dónde había llegado: más o menos a mitad de camino, calculé con optimismo. Puedo hacerlo, pensé. No hay alternativa. Redoblé mis esfuerzos, arrastrando la punta de los pies y tratando de mantener la cabeza y la mochila fuera del agua. Sentía que se me agotaba la energía, que el frío me calaba los huesos. Precisamente en el momento en que pensé vaciar la mochila y nadar hasta la costa, advertí que el nivel del agua bajaba un poco. Cuando, unos pasos más adelante, el nivel del agua volvió a alcanzar el mentón, ahogué un sollozo que tomaba forma en mi garganta.

Había visto películas en las que el héroe se hallaba en una situación como ésta, pero siempre se le veía estoico en su contención emocional. Me imaginé a John Wayne, Indiana Jones o Davy Crockett en un apuro como aquél. *Nunca* habrían llorado. Diablos, ahora mismo estarían riendo, gozando de esta pequeña inmersión. Por qué soy tan mierdecilla, me regañé, avergonzado de lo que consideraba pura debilidad.

El hermoso ocaso había terminado. La luz se fue haciendo gris y opaca a medida que caía la noche. Caminé de puntillas sobre el fondo, entumecido y decidido, en dirección a la playa que finalmente parecía a mi alcance. Ya no había lágrimas. En realidad, no sentía nada.

Entonces supe que algo muy grave estaba ocurriendo. Temblaba fuera de control. Tenía confuso el pensamiento. No podía hacer nada con las manos, ni ponerme la ropa ni atarme las botas. Las piernas parecían de goma y tenía los pies en carne viva de caminar sobre las conchas abiertas. Comenzaba a levantarse viento y me soplaba directamente encima. No se me ocurría hacer otra cosa que correr de aquí para allá. De un relato de Jack London, el que versa sobre cómo hacer fuego, recordé que el individuo se mantiene vivo corriendo durante un rato. Pero luego recordé también que se muere de todos modos y, en el primer momento, sentí terror por la situación en que me encontraba.

Ya no sentía dolor ni malestar, como si me hubiera separado de mi cuerpo. Sin embargo, el cerebro me recordó su angustia. Se me presentaron flases de mi mujer y mi hijo. Me imaginé cómo reaccionarían cuando yo no regresara. No tenía derecho a someterlos a las consecuencias de mi negligencia. Me representé la reacción de mi hijo ante las noticias, su destino de crecer sin padre. Me sentía muy, muy triste. Empecé a llorar otra vez, no ya por mí, sino por aquellos a quienes amaba.

Luego advertí de repente que tenía hipotermia. «Conque era esto», dije en una suerte de susurro en voz alta. Sentía la mente hecha una papilla, tan inestable como las piernas. Tuve conciencia de que moriría si no lograba calentarme rápidamente. Me entró el pánico, de modo que empecé a correr por entre la maleza y los matorrales hacia una luz que veía brillar a través de los árboles. Oí voces.

Pedí auxilio a gritos. Por favor, ayudadme. La gente que estaba en el porche de la cabaña de excursionistas quedaron atónitos al verme salir de la noche tambaleándome, completamente mojado, desorientado, conmocionado. Me pregunté por qué se quedaban allí mirándome, hasta que me di cuenta de que los gritos en demanda de auxilio nunca habían salido de mi cerebro. Mi último pensamiento consciente, al caer en brazos de un hombre, fue lo ridículo que parecería, semidesnudo y con una mochila al hombro.

Más tarde, con un público ávido de oír mi relato, me mostré notablemente recompuesto. Nada importante, les dije. Simplemente que me salvé por los pelos gracias a la rápida intervención de mis nuevos amigos. Esa noche, mientras todos los demás dormían pacíficamente, la pasé en un mar de lágrimas. No podía dejar de pensar en lo cerca que había estado de dejar a mi familia con su dolor eterno. Seguía imaginando la cara de mi hijo, oyéndole preguntar a su madre qué había ocurrido y por qué. Los escalofríos volvieron por oleadas a lo largo de la noche, como si el agua del mar hubiera penetrado por todos los poros y necesitara salir por los ojos. Era como si los años de contención que tan cuidadosamente había mantenido se disiparan por completo.

*Yo* había llorado varias veces durante las horas anteriores, cada vez por una razón diferente. Había llorado lágrimas de alegría y exaltación, de miedo y de aprensión, de frustración y posterior determinación. Había llorado para expresar cólera, pero también alivio. Mis lágrimas comunicaban la tristeza que sentía, así como gratitud respecto de mis salvadores. Sin embargo, todas esas reacciones emocionales distintas se unieron no sólo en el agua marina que envolvía mi cuerpo, sino también en las gotitas que manaban de mis ojos.

En el acto de reconocimiento de mis lágrimas fue donde comenzó para mí una aventura completamente distinta de la que había terminado en la cala. Al escucharlas y desvelar sus significados ocultos fui capaz de iniciar una cantidad de cambios en mi vida, tanto en lo que pensaba de mí mismo como en los medios por los cuales expresaba mis sentimientos a los demás.

## Darte permiso

Como debiera desprenderse con claridad de este relato, lo que hace que esta experiencia resulte instructiva es la satisfacción de dos condiciones, ambas inusuales en mi caso. En primer lugar, por primera vez en mucho tiempo tuve voluntad de reconocer mis lágrimas en lugar de enjugarlas furtivamente. En segundo lugar, para variar, me di permiso para llorar en lugar de detener las lágrimas enseguida.

Preocupado como estaba por otras cuestiones de supervivencia, se evaporó toda mi contención habitual. Mientras que mi estilo usual había sido inspirar dos veces profundamente, distraerme con otros pensamientos y repetirme las habituales admoniciones de autocontrol, esta vez dejé simplemente fluir las lágrimas. Fuera por cansancio, por un exceso irrefrenable de emociones o por alguna sabiduría interior que terminara imponiéndose, lo cierto es que el desarrollo personal sólo fue posible porque me di permiso para llorar.

Cuando las circunstancias son apropiadas, es una gran cosa decirte a ti mismo que está muy bien llorar. Esto significa, específicamente, que llorar es seguro; el obrar de ese modo no tendrá como consecuencia el juicio crítico de los demás, ni el llanto te incapacitará al punto de no poder cuidar de ti mismo. A menos que se cumplan estas dos condiciones —que tengas voluntad de reconocer el hecho de estar llorando y que te des permiso para seguir el proceso—, todas las posibilidades de elaborar el significado de esta experiencia quedan abruptamente truncadas.

*Vivir los sentimientos*

Presta atención. Cuando lloras, presta muchísima atención a lo que ocurre en tu interior. Los episodios de llanto son estados alterados de conciencia, no distintos de los estados que derivan de la droga o que se dan en condiciones de hipersensibilidad perceptiva.

En lugar de tomar distancia respecto de tus sentimientos, sumérgete más profundamente aún en lo que experimentas. Toma nota de qué hace tu cuerpo: los temblores y las sacudidas, las sensaciones en tu pecho y en tu cuello, en todas partes. Escucha los ruidos que haces. Siente, siente de verdad cómo se forman las lágrimas en tus ojos cuando se hinchan y te caen por la cara. Lo más importante es vivir los sentimientos y los pensamientos dentro de ti. A estas alturas no trates de analizar o encontrar sentido a lo que ocurre. Simplemente presta atención a los sentimientos, no los cortes. Naturalmente, provocarán un flujo todavía mayor de lágrimas.

Mientras que en un primer momento había negado yo la medida de mi terror, una vez que escuché esos sentimientos y los acepté como parte de mí mismo, fue como si se me hubiera venido encima una ola inmensa. No sabía que fuera capaz de sentir nada tan poderoso. Nunca me sentí más vivo, o asustado. Hubo momentos, a lo largo de la noche, en que tuve la opción de dejar de llorar, distrayéndome con otros pensamientos, pero si lo hubiera hecho, habría perdido la oportunidad de conectar esta experiencia con otras de mi vida.

*Hacer conexiones*

Llega un momento en que vivir los sentimientos deja de ser productivo; puedes quedar interminablemente encallado en el estiércol, apiadándote de ti mismo, impotente para ninguna otra cosa que permanecer inmovilizado. Las lágrimas por sí mismas no ayudan demasiado, a menos que estés dispuesto a compensar la intensidad de la emoción con el otro aspecto de tu cerebro, que formula ciertas preguntas desafiantes: ¿Qué te recuerda este incidente particular? ¿De qué manera se conecta con otras cosas que has vivido anteriormente?

Los acontecimientos lacrimosos tienen lugar en solitario. Cada uno de nosotros trae una rica historia del pasado a cada nueva experiencia del presente. Los flases retrospectivos que tuve acerca de mis héroes de infancia que nunca lloraban me recordaron las admoniciones que había oído en toda mi vida: llorar, o permitirme sentir intensamente, me destruiría. Me había entrenado con pertinaz determinación para que lo que determinara mi existencia fueran mis facultades lógicas y de razonamiento; el llanto, junto con todo lo que representaba, era el enemigo. Pensé en mi madre, con depresión crónica durante la mayor parte de su vida, y en cómo el llorar se había convertido en su ocupación más importante; las lágrimas habían sido sus compañeras más asiduas.

Estas lágrimas cambiaron mi manera de pensar. Su papel fue nada menos que el de ayudarme a redefinir qué significa estar vivo. Una vez, cuando era un joven estudiante universitario, había decidido que nunca volvería a dejar que nada me hiciera el daño que me había ocasionado el rechazo de una mujer a la que amaba. Juré que no volvería a llorar con aquella profundidad por nadie, ni por mí mismo. Había decidido que esa intensidad de sentimiento era harto desproporcionada. Fiel a mi palabra, durante los veinticinco años siguientes me mantuve bajo control en todas mis relaciones, en todas mis reacciones emocionales a las cosas que experimentaba. Además, me enorgullecía de tan magistral control. Me jactaba ante mí mismo, si no ante los demás, de que nada volvería a hacerme daño. Me sentía un Superman. Sin embargo, el pequeño precio que pagué fue la regulación de mis sentimientos.

Después de mi transformadora experiencia de llanto, comencé a cambiar mi actitud acerca de las ventajas de la contención emocional. Después de todo, ya no era tan vulnerable, necesitado e inestable como lo había sido en mi juventud. En realidad, era una persona profundamente diferente, aun cuando siguiera viviendo según las mismas reglas que me había impuesto mucho tiempo atrás. Conecté con esta estrategia obsoleta de autoprotección que ya no era necesaria; en todo caso, obstaculizaba mi camino a nuevas experiencias de mayor intensidad e intimidad.

Cada una de estas conexiones con el pasado ayuda a ensanchar el contexto para el trabajo de elaboración de las lágrimas. Lo que convierte a esto en una oportunidad para un desarrollo personal significativo es la voluntad, y la capacidad, para contemplar el significado de tu experiencia no de manera aislada, sino como parte de un cuadro más grande que incluye todas las variables pertinentes. Sería fácil, por ejemplo, descartar todo este episodio simplemente como un pequeño susto en el que las lágrimas no significan otra cosa que locura pasajera. El hecho de que este incidente cambiara mi modo de vivir es consecuencia directa de la capacidad para reunir una cantidad de temas diferentes e importantes.

*La descodificación de los significados*

Como has observado en nuestros análisis previos, las lágrimas tienen muchos significados, tanto superficialmente como desde el punto de vista simbólico. Descodificar tu propio lenguaje de lágrimas implica preguntarte qué tratan de expresar las distintas partes de ti mismo. ¿De qué se te informa? ¿Qué dices a los demás que no quieres o no puedes decir con palabras? ¿De qué manera tus lágrimas procuran ayudar?

Lo que me llamó poderosamente la atención fue lo raro que era en mi vida dejarme ir hasta tal punto que corriera el riesgo de perder el control de mis lágrimas. Con la perspectiva de la muerte, consideré los modos en que había acallado mis sentimientos en mis relaciones. Las lágrimas me decían que el autocontrol que tanto acariciara en otra época se había convertido en autoderrota. Si tenía el valor suficiente para aventurarme solo en la naturaleza salvaje, ¿por qué tenía tanto miedo de enfrentarme a las partes más profundas de mí mismo y de mi relación con los otros?

Ahora, ¿era eso lo que en verdad decían? ¡Por supuesto que no! ¿A quién le importa? Ése fue el significado inicial que yo creé a partir de la experiencia, una conclusión que habría de ampliarse considerablemente cuando reflexionara más sobre la cuestión. En el curso de los meses siguientes continué pensando en el significado que esta experiencia había tenido en mi vida. Lo más importante es que continué llorando de una manera alarmante en comparación con mis tasas habituales de llanto. Sin embargo, en el acto de hablar con los otros fui verdaderamente capaz de profundizar los efectos de lo que mis lágrimas habían comunicado.

*Acercarse a los otros*

Aunque llorar sea una experiencia esencialmente privada, hemos visto que, en tanto lenguaje, es una forma pública de autoexpresión. Las lágrimas son mensajeras que vinculan indirectamente tu sistema nervioso al de los otros. Si bien llorar es un comienzo en términos de sacar a la luz los sentimientos, las lágrimas también deben traducirse en lenguaje verbal.

Mediante el diálogo con los otros es posible un cierto tipo de empatía trascendente. Si tus lágrimas te ayudan a apreciar la profundidad de tus sentimientos, el completar el trabajo transformador implica acercarse a los otros con un espíritu de apertura y de amor. Mientras que en el capítulo siguiente trataremos más específicamente de tu papel en el otro aspecto de las lágrimas —es decir, en tu respuesta a otro—, aquí eres responsable de asumir el riesgo de salir al encuentro de los otros en el nivel más básico de compromiso.

Cuando hablas a los otros confías en tu lenguaje de lágrimas, te arriesgas a un grado de vulnerabilidad, pero también de mayor intimidad. Para mí no fue suficiente pensar cuánto quería a mi familia y a mis amigos, darlo por supuesto; asumí el compromiso de decir más a menudo a las personas a las que quiero cuánto las quiero.

Los efectos positivos de una experiencia de llanto pueden profundizarse cuando pones a prueba las nuevas intuiciones en multitud de maneras. Esto involucra experimentos internos en los que juegas con la idea de redefinirte de otras maneras. También implica la comprobación de nuevas ideas durante las interacciones con otros.

Me regocija la percepción de que, si aprendiera a recuperar mis lágrimas, podría profundizar la intensidad de mis sentimientos y mis relaciones. Comencé a jugar con las posibilidades, a empujarme, incluso a forzarme, a hacer brotar unas cuantas lágrimas en momentos en que de ordinario no consideraría oportuna una manifestación tan indecorosa. Lo mismo que no te olvidas de montar en bicicleta, he descubierto que tampoco te olvidas de llorar, aun cuando no lo hayas hecho durante largo tiempo.

Tal vez como medio más poderoso aún para profundizar los efectos, comencé a hablar a los demás sobre mi experiencia. Temí ser juzgado con dureza, o que la gente me dijera que era un estúpido por poner en peligro mi vida. Tampoco quería que otros supieran que alguien como yo, a quien se suponía sensible, mantenía en realidad una tapa sobre lo que se permitía sentir.

Como resultado, éste fue un punto de inflexión durante todo este período de transición. También es probable que descubras que cuando hables a los demás de tus episodios de llanto, oigas otros relatos como respuesta. Y cuando otras personas te hablen de lo que ellas han experimentado, comenzarás a desarrollar otro contexto para aquello sobre lo que estás reflexionando. Tú eres capaz de preguntarte no sólo cómo un incidente particular se acomoda a tu historia previa, sino también cómo se acomoda a lo que los otros saben.

El significado de las lágrimas cambia cuando cambias el marco de la experiencia a la luz de otras interpretaciones. Cada vez que contaba mi relato, una persona ofrecía una explicación distinta de lo que había trasuntado. Me fascinaban todas las posibilidades, y cuantas más percepciones oía, el relato mismo comenzó a cambiar, no en los detalles narrativos mismos, sino en el énfasis en aspectos que en la primera versión no había yo considerado importante.

## COMPLETAR EL TRABAJO

La intuición interior es algo maravilloso, pero únicamente si te motiva a pasar a la acción. Una y otra vez, la gente afirma haber alcanzado una nueva comprensión de sí misma o del mundo que la rodea, pero nunca esa comprensión parece filtrarse hasta provocar cambios de conducta. Puede ser formidable que te percates de que esa intimidad ha quedado comprometida en tu vida por exceso o por defecto de lágrimas, pero si esa revelación no te conduce a hacer nada distinto en la manera de relacionarte con los demás, se trata de puro conocimiento inerte, sin valor duradero.

Para mí no habría sido suficiente percatarme de lo que me había faltado en la vida y dejar las cosas tal cual. Ni me habría bastado con contar la historia centrándome en la pérdida potencial de mi vida más bien que en la ganancia potencial de mis lágrimas. Al hablar a otras personas acerca de mi experiencia, sobre todo a quienes me conocían bien, me comprometía a actuar de modo diferente. Advertía con ello a la gente que esperara de mí un yo nuevo, que llorara más. Encontraba que me gustaba tal como me veía a esta nueva luz; resolví que continuaría llorando cada vez que el cuerpo me lo pidiera.

La transformación personal no sólo se da en una manera distinta de pensar y de sentir, sino también en lo concerniente a la conducta. Si has hecho las conexiones adecuadas, si has profundizado los efectos de lo que has vivido, el paso siguiente sería completar el trabajo con el inicio de cambios en los modos de actuar. A menudo esto implica enfrentarte con tareas inacabadas, sentir mayor autoaceptación y comprometerte ante ti mismo a responder de maneras más constructivas a quienes te rodean.

Tal vez la consulta a un especialista ayude en este proceso. Pero no a un experto en lágrimas, pues de esto ya sabes tú más que la mayoría de los profesionales. Me refiero a los límites posibles en la promoción de tu propia transformación personal sin ayuda. En la gran mayoría de los casos, el llanto representa una oportunidad de contemplar tu propia conducta y de hacer algo acerca de aquellos aspectos que requieren cambios. No obstante, como condición crónica, cuando las lágrimas se vuelven omnipresentes y sintomáticas de desorden emocional, no desaparecerán sin ayuda exterior.

¿Cómo saber si se necesita ayuda o no? Pues un cálculo aproximado pero evidente es que si has agotado tus recursos propios y los recursos de quienes te rodean sin reducir tu tensión a niveles manejables, es hora de buscar en otro sitio. Las profesiones que practican psicoterapia invierten la gran mayoría de sus esfuerzos en tratar con la depresión crónica en que las lágrimas constituyen una parte esencial.

Aunque todo el mundo parezca salir del paso automedicándose Prozac u otro antidepresivo que se supone que corrige los desequilibrios químicos, hay momentos en que las lágrimas crónicas son consecuencia de perturbaciones de base biológica. En otros ejemplos, un período de terapia puede ayudar a encontrar el camino personal a través de las diversas etapas aquí descritas, que siguen un modelo genérico que practican muchos clínicos.

La fluidez en el lenguaje de las lágrimas implica más que la simple capacidad para entenderte y hablarte a ti mismo; tan importante como esto es la capacidad para oír, traducir y hablar a los otros cuando lloran. En el capítulo siguiente analizaremos más detenidamente lo que hacen la psicoterapia y otras formas de ayuda para responder a la gente que llora.

# 9

## La respuesta a las lágrimas

En este capítulo exploraremos las estrategias y las habilidades implícitas en la respuesta a personas en lucha con sus lágrimas de dolor. Estos enfoques se inspiran en nuestros análisis previos, así como también en lo que se sienten inclinados a hacer con las personas que sufren los expertos que responden a las lágrimas para ganarse la vida.

### Diferenciar

No hace falta ser un psicoterapeueta profesional para tener experiencia de la emoción, e incluso de la trascendencia espiritual que produce el ayudar a alguien a elaborar sus lágrimas. Apenas hay otros momentos en que te sientas más útil.

Es interesante especular acerca de por qué hemos sido programados para querer extendernos a otras personas sin aparente esperanza de recompensa. Tendría sentido que hiciéramos todo lo que está en nuestro poder para ayudar a nuestros descendientes, pero, ¿por qué invertir tiempo y energía en ayudar a quienes no comparten nuestros genes? Desde un punto de vista evolucionista, el altruismo no tiene sentido; no parece tener recompensa biológica.

Los animales en puestos de vigía enviarán señales de peligro a sus hermanos y en el proceso incluso se sacrificará a los depredadores. No obstante, los seres humanos son las únicas criaturas que escogen ayudar. Somos las únicas con capacidad para responder a las lágrimas de otros sin perspectiva de recompensa alguna. En su libro sobre la compasión en la conducta humana, Morton Hunt considera que esta cualidad es la que más nos diferencia, a saber, la voluntad de extendernos a otros que padecen necesidad aun cuando ello no redunde en nuestro mejor interés.

Es cierto que escogemos ayudar a los otros cuando sentimos de esta manera, pero también hay cierta evidencia de que las señales de grave tensión, como las lágrimas, ignoran la intención consciente y despiertan algo primitivo en nuestro sistema nervioso. En efecto, a menudo la presencia de las lágrimas nos crean malestar, pero también hay en ellas una horrible seducción que, nos guste o no, nos atrae.

Observa más atentamente y verás alguna razón por la cual el altruismo sería compensado de alguna manera, tal vez a través de lo que a veces conocemos como euforia de quien ayuda, ese sentimiento trascendente de paz perfecta cuando sabes que has contribuido positivamente en la vida de alguien. Hay en verdad pruebas de un cierto fulgor de buena voluntad en los momentos en que ofrecemos asistencia a otros, aun cuando nuestros esfuerzos no sean necesariamente exitosos. Hay en verdad cambios mensurables en el cuerpo y que producen estados de euforia.

Cuando te acercas a alguien que sufre, sobre todo si eso no forma parte de tu trabajo, sientes como si toda tu vida se hubiera redimido. Es como si con el simple acto de dar consuelo a un muchacho perdido en una esquina, o a la cajera con la cabeza baja que se siente reanimada por una sonrisa cálida, te salvaras también a ti mismo. Se habla de la conmoción espiritual hasta las lágrimas que se produce en una sinagoga o en cualquier iglesia, o contemplando una puesta de sol en la playa, pero para muchas personas el extremo de la trascendencia espiritual está en acercarse a alguien que llora.

Puedes sentir que la euforia de quien ayuda tiene el efecto de una droga. Te sientes eufórico y aturdido. Deseas cantar, bailar o hacer algo con el exceso de energía que corre por tus venas. Has hecho algo importante por alguien. ¿Es Dios quien te recompensa por esa buena acción con una fuerte sacudida de buena voluntad? ¿O es un millón de años de programación genética lo que te refuerza por un pequeño gesto bueno para con tu especie? Da igual, el efecto es el mismo.

Piensa en algún momento en que hayas ofrecido consuelo a alguien que lloraba. Considera el abanico de sentimientos que experimentas, tal vez impotencia y frustración en un primer momento, finalmente orgullo o felicidad. Hay pocas cosas que rediman tanto en este planeta como sentir que gracias a tus pequeños esfuerzos has hecho algo por alguien.

### Acercarte a alguien o volverte para ayudarte a ti mismo

Hay dos maneras de responder a las lágrimas: la primera, destinada a ser útil a quien llora; la segunda, a satisfacer tus necesidades personales. Si examinamos las situaciones en que los bebés comienzan a chillar, encontramos que los padres o bien responden tratando de dar a la criatura lo que creen que pide (comida, pañales, consuelo, etcétera), o bien calman al bebé con algún artilugio para chupar que tapone el agujero gritón.

A esto se asemejan las maneras de reaccionar ante las lágrimas de adultos: o bien con una motivación altruista para que la otra persona se sienta mejor, o bien para satisfacer necesidades propias. A veces es difícil decir cuál es la diferencia. En un grupo de piscoterapia, la persona que se sienta junto a mí cuenta que se siente atrapada entre su actual esposo, que quiere que sea más firme con su hijo, y su ex marido, que despliega una estrategia muy diferente. Veo que, mientras habla, las lágrimas forman charcos en sus párpados inferiores y finalmente ruedan por las mejillas.

Comienza a deshacérsele el maquillaje y ella trata de eliminar las lágrimas con la mano antes de que lleguen demasiado lejos. Se siente tímida e inhibida. Rápidamente pido por señas pañuelos de papel, que le alcanzo al mismo tiempo que le apoyo la mano sobre el brazo en gesto tranquilizador. Hago esto ante todo por ella. Quiero darle permiso para llorar, para expresar la frustración y la rabia que siente y que apenas reconoce. Con el consuelo de toda una caja de pañuelos y mi mano que permanece sobre su brazo, la mujer continúa hablando a través de las lágrimas en busca de algún tipo de solución.

Pocos minutos después ha llegado a un punto muerto en su soliloquio. Si hace lo que quiere su marido, tiene la sensación de traicionar a su hijo. Si cede ante su hijo, enfadará a su marido y accederá a los deseos de su ex marido. Decida lo que decida, se siente impotente. Lo mismo me ocurre a mí. Le alcanzo un pañuelo para que se enjugue las lágrimas, pero esta vez no lo hago por ella, sino por mí. Esta vez, cuando le paso el «chupete» le hago una seña para que se seque las lágrimas. Estoy cansado de ellas. Me hacen sentir inútil. Sin duda, el gesto da resultado y ella se recompone. Deja también de elaborar el problema en un plano primario, emocional, y comienza en cambio a intelectualizar y a analizar los hechos. Ahora me siento mucho mejor.

Cuando respondes a alguien que llora has de hacerte una pregunta básica: ¿lo haces para ayudarle o para ayudarte? A menudo ambos motivos operan simultáneamente. Aunque tu intención sea primordialmente altruista, también hay una compensación personal.

Una buena manera de calcular es preguntarte a quién ayudas de verdad con tu gesto. Si puedes justificar realmente que no intervienes para acallar el ruido o aplacar tus propios problemas de impotencia, es más probable que tu esfuerzo sea útil. Pero si en cambio estás satisfaciendo tus necesidades, acepta la realidad de que quizás hagas más daño que bien.

La segunda vez que ofrecí un pañuelo para acallar las lágrimas satisfice mis propias necesidades de sentirme útil. Corté el trabajo que ella estaba realizando, y que tal vez aún necesitaba completar, y también evité ver mis propios y penosos problemas. Únicamente más tarde me di cuenta de que esta interacción me era completamente familiar en la relación con mi madre deprimida cuando era yo pequeño y trataba por todos los medios que dejara de llorar.

### Cuando la gente se vuelve sorda a las lágrimas

La mayoría de la gente experimenta un estado de aflicción empática en presencia de alguien que llora. En los repliegues más profundos del cerebro, esta señal de dolor activa resonancias en ti y crea un estado de malestar que sólo puede reducirse de una de estas tres maneras: ayudando a la persona que lo necesita, abandonando la proximidad de esa persona lo antes posible o racionalizando que no se puede hacer gran cosa para prestar asistencia efectiva. Por supuesto, hay un alarmante volumen de evidencia histórica que indica un uso amplio de las dos últimas estrategias.

Para quienes afirman que los holocaustos de las Cruzadas, la Alemania nazi o Bosnia nunca volverán a ocurrir, hay una considerable evidencia en sentido contrario. Ha habido ciertas perturbadoras investigaciones acerca de la apatía de los circunstantes en momentos en que una persona tiene gran necesidad de ayuda. El caso de Kitty Genovese en la ciudad de Nueva York en 1967 es uno de esos ejemplos que plantean una cantidad de cuestiones difíciles. Esta mujer fue asesinada brutalmente, apuñalada docenas de veces en el lapso de una hora mientras treinta y ocho testigos observaban desde sus ventanas sin hacer nada para ayudarla, ni siquiera llamar a la policía.

Los psicólogos han reproducido circunstancias en que la gente llora en demanda de ayuda y han encontrado que los demás ignoran el dolor y siguen caminando. Cuando la responsabilidad de la atención puede extenderse a una multitud, es menos probable que los individuos ofrezcan asistencia que si estuvieran solos. Hay, pues, una ética social que consiste en ignorar las lágrimas si hay cerca otros que pueden prestar ayuda, acusada repugnancia ante el compromiso y la responsabilidad del cuidado de personas que obviamente necesitan atención.

Si no puedes ignorar el problema, el método alternativo más preferido para reducir el malestar ante las llamadas del dolor es el de justificar tu inacción: «No es mi problema», «Hay otros en mejores condiciones que yo para tratar esta situación» o «Probablemente sólo empeoraría las cosas».

Cuando se teme quedar mal –ante quienes pudieran juzgarte, o ante tu propia conciencia–, la disonancia creada por la falta de acción es mayor aún. Tal vez sea optimista, cuando no ingenuo, esperar que haya más gente que asuma mayor responsabilidad de cuidar de los demás. No hay habilidad humana más arriesgada que los medios por los cuales responder de manera efectiva a las personas que lloran.

El acto de ayudar nos saca de nosotros mismos. El simple gesto de preguntar a alguien cómo puedes ayudarle –o, mejor aún, percibir lo que hace falta y ofrecerlo sin vacilación– es una de las cosas más valiosas que puedas hacer jamás. Si llorar es uno de los reflejos humanos más básicos, responder a las lágrimas es otro.

## ESTRATEGIAS PARA RESPONDER A LAS LÁGRIMAS

Todo el mundo es aficionado a la hora de ofrecer consuelo a otros que lloran. Tenemos cierta experiencia en tratar de ser útiles, a veces con la sensación de éxito; otras veces, con la de esterilidad. A pesar de nuestra tendencia natural a acercarnos a los demás y a pesar de nuestras habilidades adquiridas a lo largo del camino, hay mucho más por aprender acerca de la mejor manera de responder a las personas que lloran. En la sección que sigue repasaremos algunos de los métodos básicos y avanzados más útiles para prestar ayuda efectiva a quienes más la necesitan.

### Cuándo hablar, cuándo llorar

Sé que anidaba en mi pecho esta limitación. Trabajaba yo con este magnífico psicoterapeuta. Había hecho grandes esfuerzos para no llorar y él me dio permiso para dejarme ir. En un momento me preguntó qué temía yo que ocurriera. La imagen que yo tenía, y que más tarde me enteré que es muy común, era la de que terminaría por disolverme en un estanque de lágrimas.

Tan pronto como verbalicé esto, perdí el miedo a desintegrarme. Era como si se rompiera un dique: las lágrimas rebalsaban simplemente. Fue para mí un punto de inflexión. Después de eso sentí una calma, una paz, un alivio extraordinarios.

Como se desprende con toda claridad de la descripción que este hombre hace de su experiencia, entre las decisiones más graves que debe tomar a la hora de responder a las lágrimas está la de cuándo alentar a alguien a que se deje ir y no haga otra cosa que llorar y cuándo hablar rigurosamente de la experiencia. Puesto que a menudo el llanto fluye de una sensación de agobio, el papel de quien ayuda es facilitar la articulación verbal de lo que las lágrimas dicen. Para ello es preciso reconocer cuándo conviene interrumpir el flujo y cuándo permitir que las lágrimas continúen fluyendo.

Como el oleaje de un océano, el llanto tiene etapas en las que lentamente reúne energías, se levanta poderoso y fuerte hasta que disipa su energía con un estrépito y luego un gimoteo. Para cada persona, el momento crítico de liberación puede producirse a distinta altura: con el lamento vocal, expulsión desde el diafragma, movimiento abrupto, o con el torrente de lágrimas. A estas alturas, la persona no sólo está dispuesta a hablar, sino que necesita hacerlo. Nuestro trabajo es aguardar el momento crítico para invitar a la persona a trabajar en el lenguaje de las lágrimas.

En el análisis detallado de semejante acontecimiento de llanto, la psicóloga Susan Labotty y sus colegas rastrearon la aparente secuencia de acontecimientos que culminan en el llanto. Después de expresar su dolor y su rabia, la paciente se sintió escuchada y comprendida por su terapeuta. Al ofrecer sostén y tranquilidad, éste vinculó más aún los sentimientos presentes con las pérdidas del pasado. Los sollozos comenzaron cuando la paciente habló del descuido de que había sido objeto. Cuando el terapeuta la estimuló a que reviviera los sentimientos de daño sufrido y de rabia, se produjo un poco de excitación emocional.

Una vez que el terapeuta la hubo alentado a descubrir el sentido de lo que estaba ocurriendo, se produjo un notable asentamiento del afecto. Puede que el llanto se desencadenara a raíz de su dificultad actual, pero la intensidad del llanto remitía a acontecimientos del pasado. Los autores señalan que la seguridad de la paciente en presencia del clínico es lo que le permitió verter esas lágrimas terapéuticas.

Para que se despliegue este proceso, la persona que llora debe sentir la invitación a dejarse ir. Esto es más difícil de lo que parece, aun para los profesionales. Holly Forester-Miller describe cómo, en los inicios de su profesión de psicoterapeuta, luchaba con su propio malestar ante el dolor de los demás:

> Atendía yo a un muchacho de doce años llamado Brian. En nuestra primera sesión practiqué la empatía a fondo cuando Brian comenzó a llorar. Instantáneamente, mi corazón y mi mente empezaron a correr y pensé: «¡Ahá! ¡Funciona! ¡He dado en algo!». Y luego: «¡Oh, no! ¿Qué pasa ahora? Pobre niño. Tiene aspecto de sentir un gran sufrimiento. Está muy incómodo y turbado. Me hace daño verlo sufrir tanto. ¿Cómo puedo calmarlo? ¡Oh, mira esos enormes ojos castaños! Se parece a Bambi cuando se enteró de que su madre había muerto».
>
> Pues bien, cambié rápidamente de tema. Brian se sintió agradecido y me siguió, secándose los ojos. Aunque volvió a sacar el tema dos veces más en la sesión, yo me las ingenié para eludirlo y mantener la sesión en un nivel superficial, cognitivo. En otras palabras, escapé. De inmediato supe qué debía haber hecho, pero las lágrimas del niño de doce años me cogieron con la guardia baja y movilizaron mis propios sentimientos de temor. De modo que jugué sobre seguro. Pero, ¿qué precio pagó Brian por mi malestar?

Si hasta los psicoterapeutas tienen dificultades con las personas que lloran, es evidente que el «ciudadano de a pie» tiene bastante margen para aumentar su aceptación de las lágrimas. Para descodificar lo que las lágrimas comunican es imprescindible un fundamento que dé claridad y sensibilidad al sentimiento.

## Centrarse en la recuperación

Durante muchos años se ha supuesto, tras la huella de Freud, que la catarsis de la emoción es intrínsecamente terapéutica. Se pensaba que el simple pero conmovedor acto de expresar sentimientos liberaba energía tóxica reprimida de tal manera que uno se sentiría libre de sus cargas. Así, entre los profesionales de la asistencia psicológica se tuvo en la más alta estima el llanto como la prueba más contundente de un buen trabajo.

Tenemos nuestras maneras de ayudar a la gente a liberar sus lágrimas. Hacemos que los pacientes revivan experiencias significativas, y cada vez que tratan de escapar, nosotros los empujamos a las llamas suavemente, aunque a veces con violencia. Escuchamos cuidadosamente los matices de sentimiento no expresados que acechan debajo de la superficie, y luego los sacamos al aire libre con una fórmula dramática pero rebuscada: «Percibo un gran sufrimiento en lo que dices. Te sientes solo y abrumado». Las lágrimas son la consecuencia inevitable de ello.

Es descorazonador, cuando no embarazoso, enterarse de que, después de todo, las cosas que siempre hemos considerado terapéuticas no son tan útiles. Los fabricantes de coches envían órdenes de devolución cuando descubren una parte o trabajo defectuoso. A la luz de la reciente investigación sobre el tema de la catarsis emocional, tal vez los psicoterapeutas debiéramos hacer lo propio: pedir la devolución de todos los pacientes que hayamos atendido alguna vez y a los que hayamos estimulado a llorar por el llanto mismo. Ahora tenemos indicios de que la excitación y la expresión emocionales como fines en sí mismos no sólo pueden ser inútiles, sino incluso perjudiciales. A menos que se les ayude a completar el ciclo de excitación hasta el punto de reinstalar la desactivación, las emociones que se ponen en movimiento pueden continuar girando sin control.

Sólo en el acto de resolución, el llanto puede llegar a ser terapéutico. En sus análisis de este fenómeno, Jay Efran y Tim Spangler encontraron que lo que se vive como más terapéutico no es el acto mismo de llorar, sino el de recuperarse de las lágrimas. De esto se desprende, pues, que es importante ayudar a la gente a sentirse cómoda cuando llora, pero no sin ayudarle también a secarse los ojos y comprender la experiencia.

*Un enfoque sistemático*

Este proceso es similar a cualquier viaje psicoterapéutico. En primer lugar, se traen a la conciencia sentimientos auténticos, no sólo en el plano intelectual, sino también en el experiencial. No basta con hablar de las experiencias; es menester vivirlas. En segundo lugar, se crean nuevos significados a través de la investigación sistemática, que proporciona una comprensión rigurosa de los problemas implicados. Estas visiones le llevan a uno a asumir con optimismo una mayor responsabilidad por lo que las lágrimas propias comunican. Puesto que forman parte de ti —manan de tus ojos, emergen de sus procesos internos— está en tu poder detenerlas. Esta tarea se completa con la identificación de sentimientos que no son muy útiles y su conversión en otros más plenamente funcionales.

No es necesario tener título de psicólogo, trabajador social o *counselor* para mejorar la capacidad de ser útil a los demás. Yo he pasado varios años trabajando con maestros en diversos países para ayudarles a aumentar sus habilidades para responder a las necesidades emocionales de los niños. En sólo unas pocas horas de instrucción y práctica sistemática es posible realizar un significativo progreso en el modo de proporcionar ayuda a los otros.

He aquí una breve revisión de esos principios, derivada de lo que hacen los psicoterapeutas en sus esfuerzos profesionales:

*Adopta actitudes de ayuda.* Uno de los aspectos más terapéuticos de cualquier encuentro de ayuda es el sentimiento de que, hagas lo que hagas, digas lo que digas y por vulnerable que seas, la otra persona será respetuosa y estará dispuesta a aceptar. La diferencia entre relacionarse con alguien como amigo y como alguien que ayuda es que en el último caso suspendemos todos los juicios, pemanecemos neutrales y respondemos con empatía. Estas actitudes son absolutamente decisivas cuando se responde a personas que lloran, dando a entender que aun cuando puedas no estar de acuerdo con todo lo que dicen o hacen, de todos modos las aceptas incondicionalmente.

*Evaluar lo que crees que sucede.* Haz esto con la otra persona; a nadie le gusta que le analicen como a un insecto. Entra en el mundo de la otra persona. Trata de sentir lo que esa persona experimenta. Devuelve lo que percibes, oyes, ves, sientes. Ayúdale a hablar de las lágrimas en un diálogo que pudiera parecerse a lo siguiente:

Él: *[Está sentado en silencio, la cabeza baja, los brazos rodeándole el torso, balanceándose suavemente, le caen las lágrimas.]* Es que... es que]... Parece que no pueda... que ya no pueda controlar las cosas.

Tú: Ahora mismo parece que tuvieras dificultad para expresar en palabras incluso tus pensamientos.

Él: *[Levanta la mirada. Sonríe brevemente. Sacude la cabeza en señal de acuerdo.]* Sí, tienes toda la razón.

Tú: Sin embargo, ahora mismo eres muy claro y te expresas bien.

Él: *[Con mirada azorada.]* ¡Uy! No sé qué quieres decir.

Tú: Simplemente que estás hablando a través de tus lágrimas. Ellas hablan por ti y por mí. ¿Qué piensas que comunican?

Y así continúa el diálogo, en general con muchas interrupciones, pero, no obstante, con progresos hacia la definición del momento y sus significados subyacentes.

*No aconsejes.* Cuando la gente aprende a desempeñar papeles de ayuda, uno de los mayores desafíos es al comienzo evitar decir a la otra persona qué tiene que hacer. En general, las dificultades humanas no son tan simples como para que otro pueda escuchar unos minutos y decirte exactamente lo que necesitas hacer. Cuando te dejas tentar por esa conducta, lo normal es que no lo hagas en beneficio de la otra persona (que casi nunca sigue el consejo que se le da), sino para calmar tu sensación de impotencia. El consejo sólo sirve para reforzar la idea de que la persona necesita que alguien como tú le diga qué ha de hacer. Si por algún milagro esto diera buen resultado, le habrías enseñado a esa persona a volver a ti en la próxima oportunidad. Y si no diera buen resultado, se te tendrá por responsable de ello.

Por estas razones, vale más tener objetivos más modestos. Tu intención no es cambiar a esa persona, ni promover su desarrollo. Tu papel sólo es el de un oyente amante y compasivo, dispuesto a escuchar lo que dicen las lágrimas.

*No trates de hacer demasiado.* Limítate a escuchar. Atentamente. No subestimes el poder de tu atención completa y sin fisuras. Cuanto más intentes entrometerte por la fuerza, más probable es que hagas daño en lugar de ayudar. Tu papel o tu responsabilidad no es arreglar las cosas, sino más bien proporcionar una relación de apoyo tal que la otra persona sienta que alguien se ocupa de ella.

Es rarísimo que tengamos siempre la atención indivisa en otra persona. Muy a menudo hablamos a los demás, e incluso a las personas que más queremos, mientras nos ocupamos de otra cosa, como abrir la correspondencia, mirar la televisión, escuchar la radio o saludar a una tercera persona. Hace tanto bien sentir que alguien deja todo lo demás de lado, nos mira a la cara y se comunica con todo su ser, que durante los minutos siguientes somos la persona más importante del mundo.

*Concéntrate en las habilidades básicas de ayuda.* Concéntrate en prestar plena atención a la otra persona. Esto significa comunicar con los ojos, las expresiones faciales, la postura corporal y las respuestas verbales que sigues con intensidad todo lo que se dice, tanto con las palabras como con las lágrimas. Sería difícil subestimar el valor de las habilidades básicas requeridas para reflejar lo que oyes y sientes. Con esas respuestas comunicas que oyes lo que se ha dicho. Más aún, demuestras que entiendes.

Tu primer papel, por tanto, es ayudar a la persona a hablar con franqueza y libertad. Dale a entender que percibes, oyes, ves y sientes. Ayuda a la otra persona a hablar con las lágrimas. Ayúdale, con preguntas suaves y de final abierto, a explorar en un nivel más profundo. ¿Qué sucede para ti ahora mismo? ¿Qué te gustaría que sucediera? ¿Qué dicen tus lágrimas?

*Trata de crear un nuevo marco.* Esta estrategia expuesta aplica una simple premisa: cambiando la manera de definir tu dificultad, puedes modificar sustancialmente la manera de reaccionar a lo que sucede. Este método es el que aplican con mucha frecuencia los sacerdotes cuando crean un nuevo marco para el final trágico de la muerte con las siguientes palabras: «El muerto ha pasado a un sitio mejor. Ahora descansa en paz».

El objeto esencial de esta estrategia es ayudar a la otra persona a pensar de manera diferente acerca de lo que experimenta. El llanto no es un signo de debilidad o de impotencia, sino más bien una evidencia de implicación emocional. La consecuencia de esta creación de un nuevo marco es que a menudo la persona que llora se siente menos impotente.

*Enfrenta suavemente las distorsiones.* Aquí la palabra clave es «suavemente», pues la persona que está llorando no tiene humor para soportar a nadie enfrente. A menudo no está preparada para que alguien se le oponga; tus intentos han de ser muy diplomáticos y exploratorios a fin de que la persona en cuestión no se sienta criticada o juzgada. Por ejemplo, si una persona dice que no hay esperanza, podrías responder suavemente: «Quieres decir que eso es lo que parece en este momento».

Es importante ser suave y diplomático, pero esforzarse por señalar las discrepancias entre las exageraciones de la persona y la realidad. Retrocede si ves que la persona no está dispuesta a escuchar lo que le ofreces.

Si la persona se siente aceptada, escuchada, comprendida, validada y honrada aunque muestre miedo y aspectos vulnerables de sí misma, se sentirá lo suficientemente segura como para experimentar modos de ser alternativos. Compartir sentimientos se convierte en un modelo de otras relaciones futuras.

*Desafía la actitud autodestructiva de la otra persona acerca de sus lágrimas.* Hemos visto que los sentimientos negativos y las lágrimas resultantes no son gratuitos, sino que representan reacciones a una actividad cognitiva particular. En palabras de los terapeutas cognitivos Albert Ellis, Aaron Beck o Jeffrey Young, provocamos nuestro llanto de acuerdo con la manera que escojamos de interpretar lo que sucede en el mundo, tanto si nos sucede a nosotros como si percibimos los acontecimientos de una manera particular y, por tanto, provocamos consecuencias emocionales. Si en respuesta a la decepción te dices cosas como «es horrible. Nunca conseguiré lo que quiero. No me merezco la felicidad», es muy probable que termines llorando. Si, por el contrario, reaccionas con un más sensato «es decepcionante, sí, pero, ¿puedo abordar esto de otra manera?», también es probable que te sientas triste y frustrado, pero en menor grado.

*Separa tus problemas de los de la otra persona.* Los psicoanalistas llaman contratransferencia al hecho de que la persona que ayuda comience a involucrarse en sus problemas personales en lugar de prestar atención a quien supuestamente ayuda, pero ahora me refiero más en general a los momentos en que lo que siente la otra persona aprieta tus teclas. Una de las razones por las que tan difícil nos resulta estar con personas que lloran es que nos recuerdan nuestra propia sensación de impotencia. Queremos que la gente se muestre fuerte porque eso nos tranquiliza acerca de nuestra propia fortaleza interior. Cuando estoy con alguien que llora, a menudo también yo me siento desesperanzado. Entonces deseo detener las lágrimas de esa persona para sentirme mejor.

Otros signos y síntomas de que tal vez hayas perdido la perspectiva y estés hundido en tus propios problemas y no en los de la persona a quien tratas de ayudar son que:

- Encuentras difícil sentir empatía y compasión respecto de la otra persona.
- Encuentras difícil comprender qué trata de comunicar la otra persona.

- Tus reflexiones e interpretaciones son sistemáticamente desatinadas.
- Te sientes especialmente frustrado, bloqueado e inútil con la otra persona.
- Eres consciente de problemas paralelos propios que afloran a medida que escuchas a la otra persona.
- Encuentras difícil concentrarte en lo que la otra persona dice porque estás profundamente inmerso en reflexiones sobre tu vida.
- Te sientes impaciente porque la otra persona no avanza tan rápidamente como tú quisieras.
- Eres consciente de que trabajas más que la otra persona.

Cuando desempeñas un papel de ayuda es extremadamente importante no sólo vigilar lo que ocurre con la persona que llora, sino también lo que ocurre dentro de ti.

*Estimula a la otra persona a que reciba ayuda.* Reconoce los límites de lo que puedes hacer como aficionado. Incluso con tu intenso deseo de ser útil y alguna preparación extra, no puedes ofrecer la clase de ayuda en profundidad que necesitan muchas personas, sobre todo las que llevan mucho tiempo perdidas en un mar de lágrimas. En tales circunstancias, lo mejor que puedes hacer es urgirlas a que reciban ayuda de un profesional, ya sea un psicoterapeuta, un *counselor* o un sacerdote.

Un profesional puede diagnosticar la naturaleza exacta del problema, construir una relación específicamente diseñada para promover cambios, iniciar cambios sistemáticos dentro de la familia y orientar exploraciones profundas en las posibles causas. Además, puede diagnosticar la potencialidad de suicidio en el caso de depresiones graves y dar los pasos necesarios para proteger a la persona. Tu tarea en esas circunstancias es asegurar que la persona mantenga la decisión de buscar ayuda profesional y asegurar un buen acoplamiento entre ella y quien le preste la ayuda. Con harta frecuencia la gente abandona si no entabla una buena relación con la primera persona con la que contacte.

## Un simple abrazo

La metodología que se acaba de describir se apoya primordialmente en interacciones verbales con una persona que llora. Pero tal vez el medio más simple, y más poderoso, de consolar a alguien que llora es el que primero aprendemos en la vida.

Entre los problemas más espinosos con que se enfrentan cotidianamente los pediatras están las quejas de frustración de padres que no saben qué hacer con sus bebés que no dejan de llorar. Las revistas de pediatría están llenas de artículos que hablan de la necesidad de plasticidad en el manejo del llanto infantil. Esto significa un descenso del nivel de excitación, a fin de que la criatura recupere el control. Tranquilizándolo con suavidad, cantándole, meciéndole y administrándole un biberón o un chupete, se puede confiar en restablecer la calma.

Por supuesto, cualquiera que haya sido alguna vez padre, madre o que haya tenido a su cuidado un bebé, sabe que hay momentos en que nada da resultado. Una vez me pasé cuatro horas seguidas caminando por mi barrio con mi hijo de dos meses en brazos. Cada vez que yo me paraba, recomenzaba su llanto penetrante. Mientras yo me movía, él permanecía en silencio.

Piensa en las implicaciones de este consejo de manipulación clínica destinado a bebés cuando se aplica a adultos. ¿Qué es en verdad lo que deseas de los demás cuando lloras, sino consuelo y comprensión? A menudo lloras ante todo porque otros intentos de comunicación se han mostrado infructuosos. Como explica una mujer:

> No hay nada que me irrite más rápidamente que tratar de decir algo a mi marido y que éste se niegue a escuchar. Le digo lo que quiero o lo que necesito y se niega a escucharme. Si eso no funciona, trata de explicarme que lo que quiero no tiene importancia o que es imposible. Únicamente me presta atención si lloro.

En este punto es cuando, incluso con la atención del marido, la situación empeora en lugar de mejorar. «Me vuelve loca. Lo único que quiero de él es que me tome en cuenta, que escuche lo que digo.»

En otras palabras, desea consuelo, y no el de un chupete, sino el de la compasión y el cariño: «Lo que más me importa no es que esté de acuerdo conmigo, sino que escuche lo que le digo, y que muestre que me toma en cuenta».

Este deseo de que nuestro lenguaje de lágrimas sea escuchado y respondido con compasión es tan fuerte que constituye una de las razones principales por las que se busca los servicios de un psicoterapeuta. Si no hacemos otra cosa, se supone que nuestra manera de escuchar y reaccionar a las lágrimas es respetuosa y útil.

También podemos aprender mucho de las comunidades agrícolas llamadas subdesarrolladas. En estas sociedades africanas, asiáticas o sudamericanas en que las madres llevan sus bebés a cuestas durante casi todo el día, el llanto es mucho menos frecuente. Dos médicos, Urs Hunziker y Ronald Barr, trataron de simular esta costumbre pidiendo a las madres que tuvieran consigo a sus bebés, en brazos o en sus carritos, por lo menos tres horas diarias fuera de los contactos relacionados con la alimentación o la higiene. Descubrieron que los bebés que formaban este grupo lloraban muchos menos que los bebés del grupo de control en el que las interacciones fueron las normales de nuestra cultura. Los investigadores concluyeron que, tal vez, en lugar de calmar las lágrimas con un biberón, debiéramos prestar más atención a los bebés.

Cuando pensamos en los recursos orales a los que tan a menudo recurren los adultos cuando sienten estrés –cigarrillos, alcohol, comida, morderse las uñas, drogas–, es fácil reconocer el modelo que aprendemos en la primera infancia. En lugar de calmar las lágrimas, debiéramos tenernos más en cuenta unos a otros, no sólo en el sentido físico de tocarnos y abrazarnos, sino en la perspectiva más amplia de ofrecernos amor y atención. En verdad, una de las intervenciones más efectivas que se pueden emplear con alguien que llora es la del simple abrazo.

Una mujer describe el consuelo que sintió de un simple abrazo cuando su marido agonizaba:

> Mi marido me proporcionó un sitio seguro para llorar. Yo supe que me sentía bien. Otros trataron de dejarme llorar a solas. Algunos intentaron aliviarme mediante la risa o las bromas. Todos tenían distintas maneras de tratar de ayudarme a sobrellevar mi tristeza y mi dolor. Si no hubiera sido por mi marido, que me cogió en silencio, no sé cómo habría podido superar aquello. Él permitió que las lágrimas me limpiaran.

### Conoce tus propios límites

Lo que se puede hacer con un simple abrazo, o incluso con toda la habilidad terapéutica, tiene límites. Están quienes son incapaces de dejar de llorar o de encontrar sentido a sus lágrimas, porque su condición es resultado de ciertos problemas orgánicos. Podrías ser todo lo compasivo y comprensivo que se quiera y no producir efecto visible alguno.

Así como hay personas que nunca derramaron lágrimas emocionales, hay quienes no pueden detenerlas. Estos *llorones patológicos* tienen perturbaciones físicas subyacentes que inhiben la porción del cerebro que controla el llanto. Pasan por la vida en la incómoda condición de ser incapaces de detener el estallido de lágrimas en momentos inoportunos, o de no saber qué hacer con ellas una vez que han comenzado a fluir.

También se ha informado de casos de *lacrimación unilateral,* en la que una persona llora con uno y otro ojo según la situación. En uno de esos casos, del que se ha informado en Australia, una mujer era en cierto modo capaz de controlar una respuesta emocional que se supone que es una función autónoma. Cada vez que pensaba en su madre, vertía lágrimas de su ojo derecho; si tenía pensamientos tristes acerca de su padre, se activaba el conducto izquierdo.

Hay personas que nunca lloran lágrimas de emoción y que no pueden recordar si alguna vez les ha ocurrido algo así. Se ha identificado familias enteras, que se remontan a varias generaciones, en que prácticamente nadie derrama lágrimas. También las hay que tienen el llanto completamente fuera de control, y no por ningún problema orgánico subyacente. La profundidad de su depresión es tal que el llanto se convierte en su estado normal. Lloran para dormirse, y lo primero que ven al despertar es que nada ha cambiado en su vida durante la noche, lo que desencadena otro ataque de llanto.

Es probable que una de las maneras más fáciles de acudir al servicio de psiquiatría de un hospital sea llorar demasiado. Aunque a veces esta conducta sea resultado de un control voluntario, a menudo hay algún problema orgánico. En el tratamiento del llanto excesivo, por tanto, es importante identificar exactamente cuál es la causa de los síntomas.

En un estudio de pacientes hospitalizados que no dejaban nunca de llorar después de una intervención quirúrgica, el psiquiatra Ronald Green y varios colegas investigaron las razones subyacentes de esta conducta. Para su gran sorpresa, sólo uno de estos cinco pacientes tenía una depresión importante; del resto, la mayoría padecía de una enfermedad neurológica, de desorden cerebral o de una condición degenerativa como la esclerosis múltiple. Observaron distorsiones en sus pautas de llanto, que diferencian el llanto neurológicamente inducido del inducido por la depresión. Lo más notable era que estos pacientes comenzaban a llorar de pronto, sin provocación o desencadenante identificable, como si una llave de paso cerrada se abriera de golpe.

También existe una condición conocida como *llanto esencial,* que involucra explosiones intensas varias veces por día. Por lo demás, se trata de personas completamente normales y no dan señales de tener problemas médicos ni depresión. Informan de un sentimiento de tristeza durante la experiencia, pero es difícil determinar qué es causa y qué es efecto. ¿Lloran porque están tristes, o están tristes porque lloran? Dada la escasísima cantidad de personas en las que se ha encontrado esta condición, es muy poco lo que sabemos acerca de sus orígenes.

## Bebés llorones

Los padres de bebés y de niños que comienzan a andar se pasan mucho tiempo reflexionando acerca del llanto. Desean satisfacer las necesidades de sus hijos, pero esta señal de preocupación puede desencadenar por sí misma sentimientos de inadecuación. «Bastaría con que yo fuera mejor padre (madre) para que mi hijo no llorara de esta manera. Apuesto a que otros padres sabrían qué hacer en esta situación.»

Revistas como *Parents* y *Ladies Home Journal*, al igual que las revistas pediátricas, están llenas de discusiones acerca de cómo hacer que los niños dejen de llorar. Los padres se preguntan: «¿Cuándo es excesivo el llanto? ¿Estoy haciendo algo mal? ¿Es normal mi hijo? ¿Qué puedo hacer para detener las lágrimas?».

## Pequeños Stan Laurel

En general, el mejor consejo ya te resulta familiar. Para los niños pequeños, llorar es su única manera de hablar; es su lenguaje. Para los que comienzan a andar y los preescolares, llorar mucho es señal de sensibilidad emocional. En ambos casos, los factores genéticos predisponen a algunos niños (y a adultos) a ser más sensibles que otros. No sólo lloran más que otros, sino que también es probable que en su primera infancia se sobresaltaran más fácilmente. Tienden a reír más a menudo y a reaccionar con más intensidad a cualquier cosa que sucede. También son más empáticos a los sentimientos ajenos.

La extremada sensibilidad emocional es al mismo tiempo un don y una maldición. Aunque no sea divertido que te traten de bebé llorón, aunque exhibir lágrimas comunique fácilmente una vulnerabilidad que a menudo es objeto de explotación, lo cierto es que esta capacidad permite una inusual sensibilidad a los demás. En su primera infancia, estos individuos no sólo lloraban cuando estaban tristes, sino también cuando sentían tensión o temor a los otros.

En un artículo acerca de «los pequeños Stan Laurel en un patio escolar lleno de Oliver Hardy», Lawrence Kutner habla de cómo el exceso de llanto puede significar otra cosa que una mera tendencia a la hipersensibilidad. Si, por ejemplo, hay un cambio repentino en el humor de un niño, de modo que han aumentado significativamente la intensidad y la frecuencia del llanto, podrías hallarte ante una condición depresiva que requiriera tratamiento.

Otras consideraciones que hay que explorar incluyen el control de la recompensa que el niño recibe por las lágrimas. Uno continúa enganchado a las conductas que funcionan bien. En la medida en que el llanto nos proporciona los resultados apetecidos, ya sea atención, simpatía o incluso frustración de los demás, persiste. Una vez identificados los beneficios, la intervención adopta la forma de no seguir compensando esa conducta.

*La respuesta a los bebés llorones*

Hay varios principios que conservar en mente a la hora de responder a los bebés que lloran:

- Controla una lista de posibilidades, una a una, del deseo que podría comunicar el lenguaje de lágrimas del bebé: aliméntame, controla el pañal, cógeme y reconfórtame, ayúdame a eructar, ayúdame a refrescarme o a calentarme, cálmame, llama al médico...
- Despliega rituales de consuelo para calmar las cosas, tanto para ti mismo como para el bebé. La rutinas de mecer y cantar son útiles cuando son fáciles de predecir.
- Pasea al bebé; esto reduce el llanto a la mitad.
- Usa como distracción las técnicas de «cierre», como, por ejemplo, el movimiento (caminar y acunar), la distracción visual, los sonidos (música), el chupar (chupete).

- Usa con liberalidad el tacto, sobre todo la caricia y el masaje.
- Haz una lista de las cosas que ya has probado y que no han dado resultado. No las repitas. Prueba otras cosas.
- Cálmate. Lo único peor que estar con un bebé que llora es afrontar esa situación si te sientes fuera de control. Practica máximas como: «Esto no es el reflejo de mi comportamiento como madre (padre)», «También esto terminará», «El bebé hace lo mejor que puede», «No me lo hace adrede».
- Dale apoyo. Si tienes a mano alguna compañía, distribuye la carga de responsabilidad para no sentirte abrumado. Si no es así, pide ayuda a amigos, miembros de la familia y canguros experimentados.
- Explora lo que pudieras estar haciendo, o no haciendo, que sin darte cuenta acreciente la frecuencia del llanto. Mantén el recuerdo de las situaciones en que el bebé llora o no. ¿Qué ha sucedido inmediatamente antes del estallido de llanto? ¿Qué pudisteis haber hecho inconscientemente tú u otros para reforzar las lágrimas?

Aunque me refiero a estrategias específicamente aptas para los bebés llorones, la intención de cualquier respuesta es esencialmente la misma, se trate de un niño o de un adulto. Todos tememos un poco a la intensidad de la emoción materializada en el lenguaje de las lágrimas, pero también nos sentimos atraídos por la persona que llora. Para hablar de este conflicto interior, un escritor tan espiritual como Thomas Moore se vale de la mitología:

> Los griegos contaron el relato del minotauro, el hombre con cabeza de toro y carnívoro que vivía en el centro del laberinto. Era una bestia amenazante, y sin embargo se llamaba Asterion, esto es, Astro. A menudo pienso en esta paradoja cuando estoy

sentado con alguien que llora en busca de alguna manera de capear una muerte, un divorcio o una depresión. Esto que se agita en el núcleo de su ser es una bestia, pero también es el astro de su naturaleza más íntima. Tenemos que cuidar con extremada reverencia de este ser que sufre, a fin de no pasar por alto el astro a causa de nuestro temor y rabia ante la bestia.

Esto es en verdad uno de los mayores desafíos en las relaciones humanas. En los momentos de llanto, nos sentimos desgarrados entre acudir rápidamente junto a quien está sumido en la aflicción y huir lo más rápido posible. Queremos ser útiles, pero también queremos protegernos de las lágrimas que queman. A medida que nos volvemos más tolerantes con nuestro propio lenguaje de lágrimas y nos sentimos más cómodos en él, podemos aprender a responder mejor a las necesidades de los otros cuando éstas son más acuciantes.

# 10

# Época propicia para las lágrimas

Nos aproximamos a una nueva era en el lenguaje de las lágrimas, lenguaje en que –como nunca antes– se aprecian los beneficios del llanto selectivo y se comprenden los complejos matices de esta comunicación. En muchas circunstancias, llorar se ha convertido en un juicio de coraje. Pone de manifiesto una voluntad de arriesgarse a la vulnerabilidad por la expresión del núcleo interior de la experiencia vivida. Aunque no cabe duda de que las lágrimas aún se interpretan como signo de debilidad o de inestabilidad, cada vez las aceptamos más como parte natural de la experiencia humana.

En este último capítulo repasaremos algunos de los temas principales con un ojo puesto en el futuro, tanto el tuyo como el que, en sentido amplio, puedes esperar en tu cultura. Continuando con nuestro papel de estudiosos de las lágrimas, examinaremos las maneras de entender hoy públicamente el llanto, lo que nos indica hacia dónde nos dirigimos.

## PERSONAJES PÚBLICOS SENSIBLES

Nos fascinan las lágrimas de los personajes públicos, ya sea que pertenezcan al mundo de los famosos, ya que resulten electos para un cargo público. Si la frecuencia con que lloran los presidentes de Estados Unidos es una indicación de la mayor aceptación pública de la expresión emocional, parece que nos dirigiéramos en esa dirección. Mientras que hace unas décadas el llorar en público podía arruinar la carrera entera de un político, hoy en día esta conducta se interpreta de otro modo.

Cuando el candidato a presidente Emund Muskie lloró en 1972 tras un ataque malintencionado a su mujer, el acto se vio como signo de vulnerabilidad y de inestabilidad. ¿Podríamos confiar el gobierno del país a semejante debilucho? Aunque Muskie negó con toda energía que hubiera llorado (comentario incluso más dramático en esa época) y afirmó que la humedad de sus mejillas se debía a los copos de nieve, fue inevitable el daño que produjo aquella percepción. El llanto en público, sobre todo del hombre que aspiraba a controlar las fuerzas armadas, se interpretó universalmente como signo de inestabilidad.

En marcado contraste, cuando el presidente Bill Clinton lloró en público en los años noventa, su popularidad aumentó. La gente interpretó el llanto como una manifestación de bondad y sensibilidad interiores. La misma pauta se hizo evidente para otros políticos de sexo masculino en las últimas décadas. El presidente Ronald Reagan puso de moda el llorar lágrimas patrióticas, ya como duelo por el accidente del *Challenger,* ya como homenaje a los caídos en la guerra. La gente lo quiso más aún por ello. Incluso el presidente George Bush, que había luchado contra una imagen de débil, se hizo famoso por las lágrimas que virtió cuando tuvo que mandar soldados a combatir.

Hemos visto que no sólo la mayoría de los políticos contemporáneos pueden salir indemnes de unas lágrimas ocasionales, sino que un llanto bien templado incluso puede aumentar su atractivo público. Durante un período de siete meses, varios periódicos dieron constancia de no menos de once ejemplos aislados de llanto de parte de Bill Clinton. La mayoría de estos llantos parecían haberse desencadenado por empatía emocional con las víctimas de un desastre, como viudas de soldados, padres de niños que murieron violentamente o la condición de los que viven en la calle. Sin embargo, Clinton ha soltado lágrimas también por cuestiones sentimentales, como, por ejemplo, la audición de himnos religiosos. No obstante, en un caso se informó de que lo habían asaltado las lágrimas sin motivo aparente.

Hoy el público parece preparado para aceptar que el presidente llore. Y no sólo toleramos esa conducta, sino que ¡nos gusta! Si creemos que estas lágrimas son genuinas y expresiones auténticas de sentimiento, no exhibiciones artificiales para el consumo público, la credibilidad del líder aumenta. Esto no sólo vale para el caso de los políticos, sino también para el más machista de los escenarios, el de los deportes profesionales, donde el llanto ha llegado a ser perfectamente aceptable.

Cuando Lou Piniella perdió el campeonato divisional de béisbol, lloró copiosamente ante sus compañeros de equipo. Cuando Jimmy Johnson, ex entrenador del equipo de fútbol Dallas Cowboys, se enfentó a la negativa de firmar contrato de su defensa estrella, estalló en lágrimas. De hecho, algunos de los entrenadores de fútbol mejor conocidos y de mayor éxito lloran cuando tienen una decepción. Lejos de perder respeto a ojos de sus jugadores y seguidores, estas explosiones emocionales parecen realzar su imagen de individuos afectivamente comprometidos.

Está claro que nos acercamos a una época propicia para las lágrimas.

## La prueba de las lágrimas

Aunque hemos explorado ya cómo las reglas de un lenguaje de lágrimas son distintas para cada género, cultura, era y familia, la mayor parte de las personas tiene más permiso para llorar. Con la notable excepción de las mujeres en posiciones de poder, las lágrimas se ven cada vez más como signo de sensibilidad emocional que de inestabilidad. En la actualidad, el modelo de atractivo masculino pone el énfasis en esa sensibilidad, tanto al torbellino interior como a los apuros de los otros. Mucho más complejas son las reglas para las mujeres: en función de la situación, el contexto y el público, las lágrimas pueden o bien romper unas barreras o bien alejar a los otros.

Si estamos en una era propicia para el llanto, es también una era de confusión y de incertidumbre. Ninguno de nosotros está ya completamente seguro de lo que se espera o se tolera.

Hubo no hace mucho una época en que todos entendíamos muy bien qué consecuencias tendría dejar fluir las lágrimas en diversas circunstancias. Ahora ya no estamos tan seguros. Cada uno de nosotros puede recorrer una lista mental de las personas con quienes no hay ningún peligro en llorar, aquellas con quien jamás deberíamos hacer tal cosa y un tercer grupo cuyas reacciones sería difícil predecir.

Llorar es una manera dramática de descubrir cuál es tu situación en relación con los demás. Es algo así como una prueba, la formulación de una cuestión crítica: ¿eres lo suficientemente seguro, lo bastante tolerante como para que te revele mis sentimientos más íntimos? El dejar correr las lágrimas tiene tres consecuencias posibles: te acercará a la gente, no tendrá ningún efecto sobre tus relaciones o ahuyentará a ciertas personas. Sostengo que este último grupo incluye exactamente a las personas con las que no quieres encontrarte. ¿No es el momento adecuado para que descubras cuál es tu situación?

No abogo por las explosiones lacrimosas en los encuentros decisivos o en conferencias con alguien que ostenta una posición de poder (aunque a menudo tales circunstancias son las que más ganas de llorar nos dan). Más bien sugiero mayor fluidez en el lenguaje de las lágrimas. No hay manera más rápida de descubrir cuál es tu situación con los otros que el llorar en su presencia y observar cómo reaccionan. A menudo las relaciones se profundizarán en su nivel de compromiso. Hemos visto que hay pocos modos de expresión más efectivos que ésta en la construcción de una relación, de confianza y de intimidad.

Por tu parte, el riesgo es convertir el lenguaje de las lágrimas en una parte más de tus maneras de expresarte.

## Las lágrimas en funcionamiento

El llanto es el lenguaje de la intimidad. Compuesto de la misma materia que constituye el noventa por ciento del cuerpo humano y la mayor parte de la superficie del planeta, las lágrimas son la materia de la vida. Son síntomas de intenso sentimiento y el símbolo más visible de lo que significa ser humano. Nada se acerca al lenguaje de las lágrimas en poder.

A lo largo del libro se han enfatizado diversos puntos. Ahora reviso cada uno de estos temas y predigo qué implican para el futuro.

- *El llanto representa lo mejor y lo peor de lo que significa estar verdaderamente vivo.* Si lloras demasiado, te inmovilizas; si lloras demasiado poco, corres el riesgo de establecer un corte entre tú mismo y los otros.

*Predicción:* en términos estadísticos, seguirá habiendo regresión hacia la media (las variaciones de la conducta se hacen menos pronunciadas) respecto de las influencias interculturales e intergenéricas. Con las imágenes genéricas que los medios masivos de comunicación llevan al seno de todos los hogares del mundo, la conducta social relacionada con el llanto se estandarizará tanto como el inglés en calidad de lengua común. Análogamente, las históricas especializaciones de rol entre hombres y mujeres se quiebran a gran velocidad. Así como veremos más mujeres en posiciones masculinas tradicionales de autoridad (litigantes, políticas, ejecutivas, cabezas de familia), y más hombres en posiciones comparablemente tradicionales de crianza (padres primarios, responsables emocionales), así también veremos hombres que actúen más como mujeres en lo que afecta al llanto y más mujeres que actúen como hombres en lo que hace a la contención de las lágrimas.

- *El llanto se produce en momentos oportunos.* En los momentos de intensa excitación emocional, el sistema biológico y el psicológico fluyen. Dominan provisionalmente el caos y la desorientación, condiciones apropiadas para promover cambios en la conducta futura.

*Predicción:* la conducta social continúa la adaptación biológica al medio cambiante, de tal manera que el estrés emocional continuará planteando exigencias extraordinarias a la gente. A medida que la sociedad se vuelva cada vez más tecnológica, más controlada y más compleja, la necesidad de llorar como forma de contacto será mayor aún. El futuro debe convertirse en una era propicia para las lágrimas; en caso contrario, los seres humanos habrán perdido su compasión y su compromiso con el cuidado recíproco.

- *No hay otro lenguaje más compulsivo y expresivo que las lágrimas.* El llanto es la forma de comunicación que tiene potencialidad para expresar la mayor variedad de mensajes con los efectos más cautivantes.

  *Predicción:* cuando se pone más énfasis en los poderes de la razón, la lógica, la investigación científica, la verificación empírica y los valores corporativos de eficacia y productividad, el llanto mantiene netamente su posición especial de preeminencia entre las formas de comunicación. A menos que se invierta la tendencia en el lugar de trabajo, donde el llanto se restringe a la privacidad de los cuartos de baño, el valor potencial de este milagroso modo de comunicación se limitará a lo más seguro de los medios respectivos. Como las mujeres desean ganar mayor credibilidad en el mundo de los hombres, continuarán restringiendo sus lágrimas en un esfuerzo por demostrar rudeza mental comparable. Irónicamente, mientras las mujeres se dirigen en una dirección, los hombres se dirigen en otra: las masculinidad continuará su evolución hacia la flexibilidad y concederá a los varones mayores oportunidades de expresarse a través de las lágrimas.

- *Hay grandes variaciones en las pautas de llanto que dependen de contextos de base genérica y cultural.* Los datos acerca de lo que se considera normal son prácticamente inútiles. Hay individuos que lloran todos los días y otros que no lloran nunca lágrimas de emoción, pese a lo cual pueden estar extraordinariamente bien adaptados en su vida emocional e interpersonal. En consecuencia, el llanto puede ser una señal que pone de manifiesto una patología subyacente o una expresividad emocional superior. Hay una cosa segura: que las lágrimas no sólo existen como dramático sistema de lenguaje, sino también como una ayuda al cuerpo y la mente en sus funciones curativas. Ya se trate de mujeres o de varones, de ifugaos de Filipinas, católicos irlandeses de Boston o canadienses franceses de Quebec, el llanto tiene la función instrumental de ayudar a estimular el desarrollo infantil, regular el funcionamiento fisiológico adulto y expresar intensidad de sentimiento.

*Predicción:* los futuros estudios científicos confirmarán que el llorar con moderación produce una cantidad de efectos físicos y psicológicos benéficos y, sobre todo, que representa una expresión fluida y espontánea de necesidades en el cuerpo y en la mente.

• *Como cualquier instrumento poderoso, el lenguaje de las lágrimas puede usarse para construir auténticos puentes de intimidad o bien de manera manipulativa para servir a tu propio interés.* Precisamente porque el llanto funciona tan bien es tan fácil abusar de él.

*Predicción:* aquí, ningún cambio. Si acaso, así como la televisión de alta resolución, las experiencias simuladas por ordenador y otras tecnologías satisfacen nuestras urgencias *voyeuristas* de experimentar sentimientos intensos de manera vicaria, el hambre de lágrimas −reales o fingidas− continuará intacta. Cualquier

charla matutina puede garantizar grandes audiencias simplemente con agregar un participante que esté dispuesto a llorar en forma programada.

## ¿SIN TIEMPO PARA LLORAR?

¿Estamos realmente preparados para una era de lágrimas?
¿Sería bueno que la gente llorara con más frecuencia y más
abiertamente? Por ahora espero que la respuesta, resonante, sea:
¡Sí, absolutamente sí!

Sin embargo, de nuestros antepasados hemos recibido el legado de conducir los asuntos cotidianos con la máxima discre-
ción. Los espectáculos emocionales son malas costumbres, señal
de pobre educación o de falta de voluntad. Tradicionalmente, la
fuerza de carácter se ha medido por la habilidad de una persona
para sufrir en silencio: «Mira qué valiente es, ni una lágrima en
los ojos». «Admiro la manera en que se ha conducido. ¡Qué
asombroso control!»

Sin embargo, los tiempos están cambiando. Ahora hay varias
maneras diferentes de juzgar la fuerza interior. En ciertas circunstancias, se admira a la gente tanto por su valor para mostrar
sus sentimientos como por ocultarlos. Cuando desvelas lo más
profundo de ti mismo −sentimientos de ineptitud, de no ser lo
suficientemente bueno, de fracaso, de lamentar indefinidamente
lo que ya no tiene remedio, así como el orgullo, la preocupación
por los otros, la alegría espiritual y el alivio−, la mayoría de la
gente aprecia enormemente esas admisiones de vulnerabilidad.
Se siente más cerca de ti y es más probable que te conteste con-
fiándote recíprocamente su intimidad.

Cuando lloras en voz alta por pérdidas −no por piedad de ti
mismo, sino de pena y dolor−, invitas a los otros a unírsete.

Cuando muestras tus lágrimas de alegría y de empatía, atraes a la gente a ti, a que compartan tu conmovedora experiencia.

Como estudiosos de las lágrimas, tal vez nuestra atracción originaria por este tema fuera una curiosidad intelectual acerca de un fenómeno humano tan fascinante. Sin duda, estos fragmentos de sabiduría son interesantes y, en lo que dicen de tu más íntima vida interior, reveladores. La cuestión está en qué harás con lo que ahora comprendes de ti mismo y de los demás.

Es impresionante hablar el lenguaje de las lágrimas con fluidez. Y comprender las comunicaciones de las lágrimas de otros es más admirable aún. Pero lo realmente fabuloso es que decidas aplicar lo que has aprendido a transformarte a ti mismo y a transformar a otros con quienes estés en contacto, de tal modo que tu parcela de mundo se convierta en un lugar más seguro para llorar.

# Bibliografía

Acebo, C. y Thoman, E. B. (1992) «Crying as social behavior», *Infant Mental Journal, 13* (1), 67-82.

Anderson, W. T. (1990), *Reality isn't what is used to be*, San Francisco, Harper Collins.

Askew, S. y Ross, C. (1988), *Boys don't cry: boys and sexism in education*, Filadelfia, Open University Press.

Baddiel, D. (1993), «Dambuster», *Sight and Sound, 9*, 37.

Baier, A. (1992), «Appropriate ways of crying over milk we chose to spill», *Ethics, 102*, 357-367.

Balswick, L. (1988), *The inexpressive male*, Lexington, MA, Lexington Books.

Barr, R. G. (1990), «The early crying paradox», *Human Nature, 1*, 355-389.

Barr, R. G., Korner, M., Bakeman, R. y Andamson, L. (1991), «Crying in! Kung San Infants», *Developmental Medicine and Child Neurology, 33*, 601-610.

Barton, R. F. (1946), «The religion of Ifugaos», *American Anthropological Association Memoir, 65*, 172.

Baetson, J., Jackson, P., Haley, J. y Weakland, J. (1956), «Toward a Theory of schizophrenia», *Behavioral Science, 1* (4), 251-264.

Beck, A. T. (1976), *Cognitive therapy and emotional disorders*, Nueva Yorc, International Universities Press.

Beggley, S. (1995, 27 de marzo), «Gray Matters», *Newsweek*, 48-54.

Belenky, M. F., Clinchy, B. M., Goldberger, N. P. y Tarull, J. M.

(1986), *Women's ways of knowing: The development of self, voice and mind*, Nueva York, Basic Books.

Belkin, L. (1993, 10 de marzo), «After first crying, laughing at cancer», *New York Times*, C-1.

Bindra, D. (1972), «Weeping: a problem of many facets», *Bulletin of the British Psychological Society, 25*, págs. 281-284.

Boukydis, C. F. Z. (1985), «Perception of infant crying as an interpersonal event», en B. M. Lester y C. F. Z. Boukydis (comps.), *Infant crying: Theoretical and research perspectives*, Nueva York, Plenum Press.

Breuer, G. (1982), *Sociobiology and the human dimension*, Cambridge, Cambridge University Press.

Briggs, J. L. (1984), citado en Calhous, C. y Solomon, R. C., *What is the emotion?*, Nueva York, Oxford University Press.

Brody L. R. (1993), «On understanding gender differences in the expression of emotion», en S. Ablon, D. Brown, E. J. Khantizian, y J. Mack (comps.), *Human feelings*, Hillsdale, NJ: Analytic Press.

Brophy, B., (1987, 16 de marzo), «Have a good cry-but not at the office», U. S. News and World Report, pág. 63.

Buchwald, J. S. y Shipley, C. (1985), «A comparative model of infant cry», en B. M. Lester y C. F. Z. Boukydis (comps.), *Infant crying: Theoretical and research perspectives*, Nueva York, Plenum Press.

Buck, R. (1984), *The communication of emotion*, Nueva York, Guilford Press.

Budiansky, S. (1995, 5 de junio), «What animals say to each other», *U. S. News and World Report*, págs. 52-56.

Carmichael, K. (1991), *Ceremony of innocence: Tears, power and protest*, Nueva York, St. Martin's Press.

Choti, S. E., Marston, A. R., Halston, S. G. y Hart, J. T. (1987), «Gender and personality variables in film-induced sadness and crying», *Journal of Social and Clinical Psychology, 5*, págs. 535-544.

Chupack, C. (1994, junio), «Can you stand to see a grown man cry?», *Glamour*, pág. 128.

Conroy, P. (1995), *Beach Music*, Nueva York, Doubleday.

Cosgrove, S. (1990), «Borderlines», *New Statesman and Society, 11,* pág. 32.

Cowley, G. (1994, 7 de febrero), «The culture of Prozac. *Newsweek*», pág. 41.

Crawford, J., Kippax, S., Onyx, J., Gault, V. y Benton, P. (1992), *Emotion and gender,* Newbury Park, CA, Sage.

Cretser, G. A., Lombardo, W. K., Lombardo, B. y Mathis, S. (1982), «Reactions to men and women who cry: A study of sex differences in perceived societal attitudes versus personal attitudes», *Perceptual and Motor Skills, 55,* págs. 479-486.

Crowther, P. (1985), «Crying workshop to be offered», *The Atlantic, 5,* pág. 42.

«The crying game», (1993, 25 de octubre), *Sports Illustrated,* pág. 13.

Damasio, A. R. (1994), *Descartes' error,* Nueva York, Putnam.

Darwin, C. (1955), *Expression of the emotions in man and animals,* Nueva York, Philosophical Library. (Original publicado en 1872.)

Delp, M. J. y Sackeim, H. A. (1987), «Effects of mood on lacrimal flow: Sex differences and symmetry», *Psychophysiology, 24,* págs. 550-556.

Denzin, K. K. (1984), *On understanding emotion,* San Francisco, Jossey-Bass.

Diamond, J. (1993), *The third chimpanzee,* Nueva York, HarperCollins.

Dorr, A. (1985), «Contexts for experience with emotion, with especial attention to television», en M. Lewis y C. Saarni (comps.), *The socialization of emotions,* Nueva York, Plenum Press.

Dunne, P. (1991, 30 de septiembre), «Men, women and tears», *Time,* pág. 84.

Efran, J. S. y Spangler, T. J. (1979), «Why grown-ups cry», *Motivation and emotion, 12(3),* págs. 63-72.

Ekman, P., Friesen W. V. y O'Sullivan, M. (1988), «Smiles when lying», *Journal of Personality and Social Psychology, 54,* págs. 414-420.

Ellis, A. y Grieger, R. (1977), *Handbook of rational emotive therapy,* Nueva York, Springer.

Emsley, J. (1987), «Chemistry in tears», *New Scientist», 16,* pág. 35.

Estes, J. (1994, 30 de mayo), «Remembrance and restoration», *Newsweek,* pág. 10.

Farrell, W. (1986), *Why men are the way they are,* Nueva York, McGraw-Hill.

Fossey, D. (1972), «Vocalizations of mountain gorillas», *Animal Behavior, 20,* págs. 36-53.

Fox, J. L. (1985), «Crying mellows some, masculinizes others», *Psichology Today, 2,* pág. 14.

Frank, J. D. (1973), *Persuasion and healing,* Baltimore, Johns Hopkins University Press.

Freedman, J. F. (1995), *The obstacle course,* Nueva York, Signet.

Freud, S. (1953), «Interpretation of dreams», en J. Strachey (comp.). *The standard edition of complete psychological works of Sigmund Freud* (vol. 2), Londres, Hogarth Press. (Original publicado en 1990.)

Freud, S. (1959), «Fragment of an analysis of a case of hysteria», en *Collected papers* (vol. 3), Nueva York, Basic Books. (Original publicado en 1900.)

Frey, W. H. (1985), *Crying: The mystery of tears.* Minneápolis, Winston Press.

Frey, W. H. (1992), «Tears: Medical research helps explain why you cry», *Mayo Clinic Health Letter,* págs. 4-5.

Frey, W. H., Ahern, C., Gunderson, B. D. y Tuason, V. B. (1986), «Biochemical behavioral and genetic aspects of psychogenic lacrimation: The unknown function of emotional tears», en F. J. Holly (comps.), *The preocular tear film,* Lubbock, TX, Dry Eye Institute.

Frey, W. H., Hoffman-Ahern, C., Johnson, R. A., Lykken, D. T. y Tuason, V. B. (1983), «Crying behavior in the human adult», *Integrative Psychiatry, 1,* págs. 94-100.

Frijda, N. (1982), «The meanings of emotional expression», en M. R. Key (comps.), *Nonverbal communication today,* Berlín, Mouton.

Fridja, N. H. (1989), «Aesthetic emotions and reality», *American Psychologist, 44,* págs. 1546-1547.

Frye, M. (1992), «Getting it right», *Signs: Journal of Women in Culture and Society, 17,* págs. 781-793.

Fulcher, J. S. (1942), «Voluntary facial expression in blind and seeing children», *Archives of Psychology, 272,* págs. 5-49.

Gergen, K. J. (1991), *The saturated self*, Nueva York, Basic Books. (trad. cast: *El yo saturado*, Barcelona, Paidós, 1992.)

Glantz, K. y Pearce, J. (1989), *Exiles from Eden*, Nueva York, Norton.

Goffman, E. (1959), *The presentation of self in everyday life*, Nueva York, Anchor.

Gold, S. R., Fultz, J., Burke, C. H., Prisco, A. G. y Willet, J. A. (1992), «Vicarius emotional responses of macho college males», *Journal of Interpersonal Violence, 1*(2), págs. 165-174.

Golub, H. L. y Corwin, M. J. (1985), « A physioacustic model of the infant cry», en B. M. Lester y C. F. Z. Boukydis (comps.), *Infant Crying: Theoretical and research perspectives*, Nueva York, Plenum Press.

Goodenough, F. L. (1932), «Expressions of emotions in a blind-deaf child», *Journal of Abnormal and Social Psychology, 27*, págs. 328-333.

Grainger, R. D. (1991), «When crying becomes a problem», *American Journal of Nursing, 4*, pág. 15.

Green, R. L., McAllister, T. W. y Bernat, J. L. (1987), «A study of crying in medically and surgically hospitalized patients», *American Journal of Psychiatry, 144*(4), págs. 442-447.

Greenberg, L. S. y Johnson, S. M. (1988), *Emotionally focused therapy for couples*, Nueva York, Guilford Press.

Greenberg, L. S. y Safran J. D. (1987), *Emotion in Psychotherapy*, Nueva York, Guilford Press.

Gross, J. J., Fredrickson, B. L. y Levinson, R. W. (1994), «The psychophysiology of crying», *Psychophysiology, 31*, págs. 460-468.

Gullo, J. (1992), «When grown men weep», *Premiere, 4*, pág. 19.

Hall, H. (1987), «Carry on: A cure for chronic crying», *Psychology Today, 1*, pág. 10.

Hallock, K. (1995), «Don't be afraid to cry», *American Journal of Nursing, 95*, pág. 80.

«Hands have no tears to flow, but presidents do» (1993, 28 de junio), *Time*, pág. 18.

Harkness, S. y Super, C. M. (1985) «Child-environment interactions in the socialization of affect», en M. Lewis y C. Saarni (comps.), *The socialization of emotions*, Nueva York, Plenum Press.

Harre, R. (1986), «An outline of the social constructivist viewpoint», en R. Harre (comps.), *The social construction of emotions,* Nueva York, Basil Blackwell.

Hastrup, J. L., Baker, J. G., Kraemer, D. L. y Bornstein, R. F. (1986), «Crying and depression among older adults», *The Gerontologist, 26*(1), págs. 91-96.

Heelas, P. (1986), «Emotional talk across cultures», en R. Harre (comps.), *The social construction of emotions,* Nueva York, Basil Blackwell.

Heider, K. G. (1991), *Landscapes of emotion: Mapping three cultures of emotion in Indonesia,* Cambridge, Inglaterra, Cambridge University Press.

Hochschild, A. P. (1983), *The managed heart: Commercialization of human feeling,* Berkeley, University of California Press.

Hoover-Dempsey, K. V., Plas, J. M. y Walston, B. S. (1986), «Tears and weeping among professional women: In search of new understanding», *Psychology of Women Quarterly, 10,* págs. 19-34.

Hunt, M. (1990), *The compassionate beast,* Nueva York, Morrow.

Israeloff, R. (1993), «Are you a crybaby? Here's why baby», *Cosmopolitan, 4,* pág. 28.

Izard, C. E. (1991), *The psychology of emotions,* Nueva York, Plenum Press.

James, W. (1984), «The physical basis of emotion», *Psychological Review, 1,* págs. 516-529.

Jones, S. (1992), *Crying baby, sleepless nights,* Boston, Harvard Common Press.

Karlsrud, K. (1989), «The meaning of cries», *Parents, 64*(10), pág. 224.

Katy, J. (1980), «Discrepancy, arousal, and labeling: Toward a psychosocial theory of emotion», *Sociological Inquiry, 50,* págs. 147-156.

Kemper, T. D. (1980), «Sociology, physiology, and emotions», *American Journal of Sociology, 85,* págs. 1418-1423.

King, L. A. y Emmans, R. A. (1990), «Conflict over emotional expression: Psychological and physical correlates», *Journal of Personality and Social Psychology, 58*(5), págs. 864-877.

Kirchner, J. y Goodman, E. (1993), «Movies that make us sob», *Glamour, 10,* pág. 161.

Konner, M. (1982), *The tangled wing*, Nueva York, HarperCollins.

Kopecky, G. (1992), «Have a good cry», *Redbook, 5*, págs. 106-108.

Kottler, J. A. (1990), *Private moments, secret selves*, Nueva York, ballantine.

Kottler, J. A. (1991), *The compleat therapist*, San Francisco, Jossey-Bass.

Kottler, J. A. (1993), *On being a therapist* (ed. rev.), San Francisco, Jossey-Bass.

Kottler, J. A. (1994), *Beyond blame: A new way of resolving conflict in relationships*, San Francisco, Jossey-Bass.

Kupers, T. A. (1993), *Revisioning men's lives*, Nueva York, Guilford Press.

Kutner, L. (1992, 27 de agosto), «Dealing with crybabies: Children who are easily moved to tears also tend to laugh easily», *The new York Times*, pág. B5.

Kutner, L. (1994, septiembre), «Cry baby», *Parents*, págs. 72-74.

Labott, S. M., Ahleman, s., Wolever, M. E. y Martin, R. B. (1990), «The physiological and psychological effects of the expression and inhibition of emotion», *Behavioral Medicine, 16*(4), págs. 182-189.

Labott, S. M., Elliot, R. y Eason, P. S. (1992), «If you love someone, you don't hurt them»: A comprehensive process analysis of a weeping event in therapy», *Psychiatry, 55*, págs. 49-62.

Labott, S. M. y Martin, R. B. (1987), «The stress-moderating effects of weeping and humor», *Journal of Human Stress, 13*(4), págs. 159-164.

Labott, S. M. y Martin, R. B. (1988), «Weeping: Evidence for cognitive theory», *Motivation and Emotion, 12*(3), págs. 205-216.

Lacan, J. A. (1968), *Speech and language in psychoanalysis*, Baltimore, Johns Hopkins University Press.

Langlois, J. (1992, 15 de septiembre), [Revisión del libro *Crying baby, sleepless nights: Why your baby is crying and what you can do about it*]. *Library Journal*, pág. 79.

Lazarus, R. S. (1991), *Emotion and adaptation*, Nueva York, Oxford University Press.

Lazarus, R. S. y Lazarus, B. N. (1994), *Passion and reason: Making sense of our emotion*, Nueva York, Oxford University Press.

Lee, G. (1994), *Honor and duty,* Nueva York, Knopf, pág. 250.

Lee, K. (1994), «The crying pattern of Korean infants and related factors», *Developmental Medicine and Child Neurology,* 36, págs. 601-607.

Lendrum, S. y Syme, G. (1992), *Gift of tears: A practical approach to loss and bereavement in counselling,* Londres, Tavistock/Routledge.

LePage, K. E., Schafer, D. W. y Miller, A. (1992), «Alterating unilateral lachrymation», *American Journal of Clinical Hypnosis, 34*(4), págs. 255-260.

Leroy, G. (1988), «Tears that speak», *Psychology Today, 8,* pág. 2.

Lester, B. (1985), «There's more to crying than meets the ear», en B. M. Lester y C. F. Z. Boukydis (comps.), *Infant crying: Theoretical and research perspectives,* Nueva York, Plenum Press.

Levy, R. I. (1984), «Emotion, knowing, and culture», en R. A. Shweder y R. A. LeVine (comps.), *Culture theory: Essays on mind, self and emotion,* Cambridge, Inglaterra, Cambridge University Press.

Lieberman, P. (1985), «The physiology of cry and speech in relation to linguistic behavior», en B. M. Lester y C. F. Z. Boukydis (comps.), *Infant crying: Theoretical and research perspectives,* Nueva York, Plenum Press.

Lombardo, W. K., Cretser, G. A., Lombardo, B. y Mathis, S. L. (1983), «For cryin'out loud—there is a sex difference», *Sex Roles,* 9(9), págs. 987-995.

Lutz, C. (1985), «Cultural patterns and individual differences in the child's emotional meaning system», en B. M. Lester y C. F. Z. Boukydis (comps.), *Infant crying: Theoretical and research perspectives,* Nueva York, Plenum Press.

MacLean, P. D. (1993), «Cerebral evolution of emotion», en M. Lewis y J. M. Haviland (comps.), *Handbook of emotions,* Nueva York, Guilford Press.

Malatesta, C. Z. y Haviland, J. M. (1985), «Signal, symbols, and socialization», en B. M. Lester y C. F. Z. Boukydis (comps.), *Infant crying: Theoretical and research perspectives,* Nueva York, Plenum Press.

Marlette, D. (1993), «Never trust a weeping man», *Esquire, 10,* págs. 70-71.

Marston, A., Hart, J., Hileman, C. y Faunce, W. (1984), «Toward the laboratory study of sadness and crying», *The American Journal of Psychology, 97*(1), págs. 127-131.

Martin, R. B. y Labott, S. M. (1991), «Mood following emotional crying: Effects of the situation», *Journal of Research in Personality, 25,* págs. 218-244.

Masson, J. y McCarthy, S. (195), *When elephants weep: The emotional lives of animals,* Nueva York, Delacorte.

Mills, C. K. y Wooster, A. D. (1987), «Crying in the counselling situation», *British Journal of Guidance and Counselling, 15*(2), págs. 125-130.

Moir, A. y Jessel, D. (1989), *Brain sex: The real difference between men and women,* Londres, Mandarin.

Moore, T. (1992), *Care of the soul,* Nueva York, HarperCollins.

Moore, T. (1994), *Soulmates: Honoring de mysteries of love and relationship,* Nueva York, HarperCollins.

Morris, D. (1977), *Manwatching: A field guide to human behavior,* Nueva York, Abrams.

Murray, A. D. (1985), «Aversiveness is in the mind of the beholder: Perception of infant crying by adults», en B. M. Lester y C. F. Z. Boukydis (comps.), *Infant crying: Theoretical and research perspectives,* Nueva York, Plenum Press.

Newman, J. D. (1985), «The infant cry in primates: An evolutionary perspective», en B. M. Lester y C. F. Z. Boukydis (comps.), *Infant crying: Theoretical and research perspectives,* Nueva York, Plenum Press.

Nicholson, J. (1993), *Men and women: How different are they?,* Oxford, Oxford University Press.

Odent, M. (1993), «Man, the womb and the sea: The roots of the symbolism of water», *Pre- and Perinatal Psychology Journal, 7*(3), págs. 187-193.

Okada, F. (1991), «Is the tendency to weep one of the most useful indicators for depressed mood?», *Journal of Clinical Psychiatry, 52*(8), págs. 351-352.

Oswald. P. F. y Murray, T. (1985), «The communicative and diagnostic significance of infant sounds», en B. M. Lester y C. F. Z.

Boukydis (comps.), *Infant crying: Theoretical and research perspectives*, Nueva York, Plenum Press.

Pennebaker, J. W. y Roberts, T. A. (1992), «Toward a his and hers theory of emotion: Gender differences in visceral perception», *Journal of Social and Clinical Psychology, 11*, págs. 192-212.

Plas, J. M. y Hoover-Dempsey, K. V. (1988), *Working up a storm: Anger, anxiety, joy and tears on the job*, Nueva York, Ivey Books.

Poyatos, F. (1983), *New perspectives in nonverbal communication*, Oxford, Pergamon Press.

Rice, L. N. y Greenberg, L. S. (1991), «Two affective change events in client centered therapy», in J. D. Safran y L. S. Greenberg (comps.), *Emotion, psychotherapy, and change*, Nueva York, Guilford Press.

Roberts, M. (1987), «No language but a cry», *Psychology Today, 6*, págs. 57-58.

Rosenblatt, P. C., Walsh, R. P. y Jackson, D. A. (1976), *Grief and mourning in cross-cultural perspective*, New Haven, CT: Human Relations Area Files.

Ross, C. E. y Mirowsky, J. (1984), «Men who cry», *Social Psychology Quarterly, 47*(2), págs. 138-146.

Safran, J. D. y Greenberg L. S. (comps.), (1991), *Emotion, psychotherapy and change*, Nueva York, Guilford Press.

Scheff, T. J. (1987), «Two studies of emotion: Crying and anger control», *Contemporary Sociology, 16*(4), págs. 458-460.

Scherer, K. R., Wallbott, H. G., Matsumoto, D., y Kudoh, T. (1988), «Emotional experience in cultural context», en K. R. Scherer (comp.), *Facets of emotion*, Hillsdale, NJ, Erlbaum.

Schieffelin, E. (1976), *The sorrow of the lonely and the burning of the dancers*, Nueva York, St. Martin's Press.

Shott, S. (1979), «Emotion and social life: A symbolic interactionist analysis», *American Journal of Sociology, 84*, págs. 1317-1334.

Siegel, B. (1994), «Crying in stairwells», *Journal of the American Medical Association, 272*, pág. 659.

Signer, S. F. (1988), «Pathological crying and laughter», *American Journal of Psychiatry, 145*(2), pág. 278.

Singh, D. (1986), *A tear and a star*. Bowling Green, VA, Sawan Kirpal.

Sloboda, J. A. (1991), «Music structure and emotional response: Some empirical findings», *Psychology of Music, 19*(2), págs. 110-120.

Sturgis, A. (1995, 20 de mayo), «Rarely reduced to tears», *Spectator*, págs. 18-19.

Terrace, H. (1979), *Nim: A chimpanzee who learned sign language*, Nueva York, Washington Square Press.

Thompkins, S. S. (1962), *Affect, imagery, consciousness*, Nueva York, Springer.

Tiwary, K. M. (1978), «Tuneful weeping: A mode of communication», *Frontiers, 3*(3), págs. 24-27.

Trilling, D. (1994, 6 de junio), «Sexual separatism», *Newsweek*, pág. 12.

Udaka, F. y otros (1984), «Pathologic laughing and crying treated with levodopa», *Archives of Neurology, 41*(10), págs. 1095-1096.

Walters, K. S. (1989), «The law of apparent reality and aesthetic emotions», *American Psychologist, 44*, págs. 1545-1546.

Watzlawick, P., Beavin, J. y Jackson, D. (1967), *Pragmatics of human interaction*, Nueva York, Norton.

Weiss, J. (1952), «Crying at the happy ending», *Psychoanalytic Review, 39*, pág. 338.

White, M. y Epston, D. (1900), *Narrative means to therapeutic ends*, Nueva York, Norton.

Williams, D. G. (1982), «Weeping by adults: Personality correlates and sex differences», *The Journal of Psychology, 110*, págs. 217-226.

Wright, R. (1994), *The moral animal*, Nueva York, Pantheon.

Yerkes, R. M. y Yerkes, B. N. (1929), *The great apes*, New Haven, CT, Yale University Press.

Young, J. (1982), «Loneliness, depression, and cognitive therapy: Theory and application», en L. A. Peplan y D. Perlman (comps.), *Loneliness: A sourcebook of current theory, research, and therapy*, Nueva York, Wiley.